# "一问二答"珠澳两地法律指引手册

（第一辑）

珠海市律师协会
澳门法律交流协进会　澳门法学协进会

编

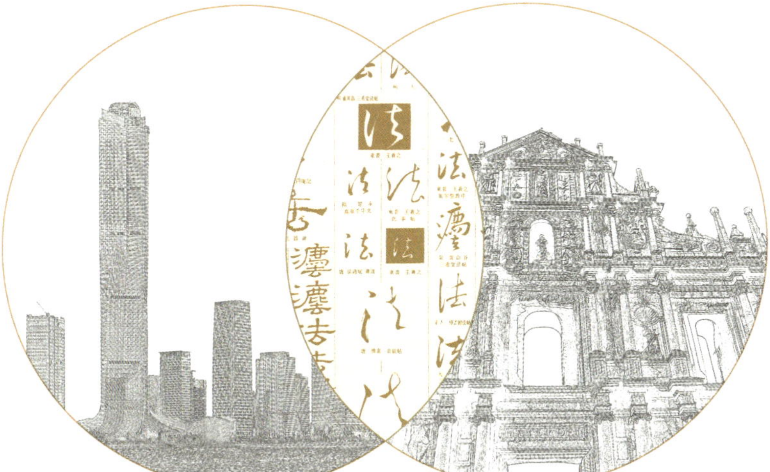

法律出版社
LAW PRESS·CHINA
北京

**图书在版编目（CIP）数据**

"一问二答"珠澳两地法律指引手册．第一辑／珠海市律师协会，澳门法律交流协进会，澳门法学协进会编．-- 北京：法律出版社，2022
ISBN 978-7-5197-6299-5

Ⅰ．①一… Ⅱ．①珠… ②澳… ③澳… Ⅲ．①地方法规－珠海－问题解答②地方法规－澳门－问题解答 Ⅳ．①D927.65-44

中国版本图书馆 CIP 数据核字（2021）第 261695 号

**"一问二答"珠澳两地法律指引手册（第一辑）**
**"YIWENERDA" ZHU AO LIANGDI FALÜ ZHIYIN SHOUCE（DI YI JI）**

珠海市律师协会
澳门法律交流协进会　编
澳门法学协进会

策划编辑　沈小英
责任编辑　陈　妮
　　　　　任　娜
装帧设计　汪奇峰

**出版发行**　法律出版社
**编辑统筹**　法治与经济出版分社
**责任校对**　杨锦华
**责任印制**　吕亚莉
**经　　销**　新华书店

**开本**　A5
**印张**　6.875　　**字数**　169 千
**版本**　2022 年 1 月第 1 版
**印次**　2022 年 1 月第 1 次印刷
**印刷**　中煤（北京）印务有限公司

地址：北京市丰台区莲花池西里 7 号（100073）
网址：www.lawpress.com.cn
投稿邮箱：info@lawpress.com.cn
举报盗版邮箱：jbwq@lawpress.com.cn
销售电话：010-83938349
客服电话：010-83938350
咨询电话：010-63939796


**书号**：ISBN 978-7-5197-6299-5　　**定价**：76.00 元
凡购买本社图书，如有印装错误，我社负责退换。电话：010-83938349

# 编委会

**主　　任：** 田学东

**执行主任：** 郭　蕾

**副 主 任：** 陈育娟　陈振杰　黄景禧　李焕江　赖崇斌　孙　成　张　丽　贤笑岩　闫　磊　黄伟胜　高　兰

**协　　调：** 解迎祥　朱梦颖

## 编写成员

### 珠海编写成员

（按拼音排序）

邓飞娇　杜　晖　方　莉　冯伶俐　高　兰　黄伟胜　赖崇斌
黎恒冲　李钦宇　李伟文　李昕芫　凌奕云　刘凯东　马芳萍
孙　成　唐琳君　田　丰　贤笑岩　徐凤梅　闫　磊　杨海玲
易朝蓬　张　丽　赵丽美　郑嘉媛　周锦珠

### 澳门编写成员

（按拼音排序）

陈比奇　程嘉雯　冯瑷琳　何镇东　洪以钧　黄　杰　黄景禧
黄倩琪　黄伟境　黄雪婷　黄友发　黄兆鸿　江盛轩　雷绮雯
李焕江　李慧聪　李金狮　李颖婷　梁翠雯　梁志龙　林皓欣
林华杰　林美芳　刘焕君　刘倩芝　刘志宇　卢绮岚　罗佩琪
罗颂妤　阮嘉锐　施丽君　曾栢毅　张宏哲　郑德法

# 珠海市律师协会简介

珠海市律师协会（以下简称协会）于1991年成立，是珠海律师的自律性行业组织，受司法行政机关指导，对珠海市律师事务所和执业律师实行行业管理。共有团体会员118家，个人会员2031名。

协会支持会员依法执业，维护会员的合法权益，完善会员执业保障体系；协调与相关司法、执法、行政机关的关系，改善律师执业环境；建立并完善律师行业管理体制；指导律师事务所规范管理工作；负责律师职业道德和执业纪律的教育、检查和监督；组织会员进行业务交流，提高会员的执业水准；宣传行业整体形象和律师协会工作；履行司法行政部门、上级律师协会委托的及法律法规规定的其他职责等。

协会最高权力机构为珠海市律师代表大会，常设机构为理事会、监事会，管理工作机构为会长办公会议，执行机构为秘书处。协会设立的21个工作委员会、17个专业委员会，在会长办公会领导下，针对律师行业工作性质和律师业务分类，开展相关工作。

# 澳门法律交流协进会简介

澳门法律交流协进会（以下简称协进会）是由澳门特区各高校法学院毕业的法律工作者组成的非营利团体。

协进会坚决维护《宪法》《澳门特别行政区基本法》权威，弘扬爱国爱澳精神，支持澳门特区政府施政，积极参与具有澳门特色“一国两制”的成功实践工作，积极在内地及澳门特区开展一系列活动，参与粤港澳大湾区制度建设及完善，促进澳门特区各界专业工作者交流并融入国家发展大局。

协进会现有会员200多名，架构成员63名，下设学术事务部、交流事务部及青年事务部，活动以课题为导向，分别在各部成立金融法律研究委员会、国际法研究委员会、湾区青年创业委员会及横琴粤澳深度合作区法制研究委员会，研究各项社会经济热点问题。重点推动青年工作，促进澳门特区青年法律工作者与内地、香港特区、台湾地区各界青年开展交流与合作。

协进会将跟随时代前进步伐，号召澳门特区法律工作者站在新时代的起点，为社会及法治建设不断进步，为澳门特区融入国家发展大局，为实现“两个一百年”奋斗目标和中华民族的伟大复兴作出新贡献！

# 澳门法学协进会简介

澳门法学协进会（以下简称法协会）于2000年成立，是法律专业团体和公务员社团。会员约200人，包括澳门特区和各地回澳的律师、政府机关负责人、法律顾问、金融机构内控合规专家和法律学者，登记局和司法机关的公务员和司法官等，含10多位具有中国委托公证员及（或）澳门特区私人公证员资格的资深会员。

主要宗旨为：(1)配合《宪法》《澳门特别行政区基本法》的实施，关注和探讨澳门特区法律和公共行政之改革；(2)向社会各界进行法律推广，尤其是面向本地青少年和学生普法；(3)就内地、澳门特区、香港特区、台湾地区及其他国家相关法律进行比较研究，配合国家“一带一路”和粤港澳大湾区政策，以及“本澳一中心一平台”定位，加强法律合作和交流；(4)促进会员间的团结；(5)提高会员的专业及学术水平。

爱国爱澳，致力法律研究及澳门特区法改工作，与内地开展交流。坚持依法保障“一国两制”实践，为澳门特区融入国家发展大局及配合《粤港澳大湾区发展规划纲要》《横琴粤澳深度合作区总体建设方案》落实，出版粤港澳大湾区建设的系列法律论丛并举办研讨会，为深化全面依法治国贡献力量。凝聚粤港澳法律专业力量，共创大湾区合作发展新时代。

# 序　一

2012 年 11 月,党的十八大胜利召开,提出全面推进依法治国。

2012 年 12 月,习近平总书记来到广东,提出广东应联手港澳打造更具综合竞争力的世界级城市群。

2013 年 11 月,党的十八届三中全会确定了建设法治中国的新目标,提出坚持法治国家、法治政府、法治社会一体建设。

2017 年 10 月,党的十九大提出未来 30 年法治中国建设“两步走”战略。第一步,从 2020 年到 2035 年,在基本实现社会主义现代化的同时,基本建成法治国家、法治政府、法治社会。第二步,从 2035 年到本世纪中叶,在把我国建成富强、民主、文明、和谐、美丽的社会主义现代化强国的同时,全面建成法治中国。

2018 年 10 月,习近平总书记再次踏上广东这片热土,强调要把粤港澳大湾区建设作为广东改革开放的大机遇、大文章,抓紧抓实办好。习近平总书记亲自谋划,亲自部署,亲自推动建设粤港澳大湾区的重大国家战略,实乃推动“一国两制”事业发展的新举措。

2020 年 11 月,在中央全面依法治国工作会议上,正式确立习近平法治思想在全面依法治国工作中的指导地位。

今天，珠海市律师协会、澳门法律交流协进会、澳门法学协进会共同编写了《“一问二答”珠澳两地法律指引手册（第一辑）》。本书正是在当今法治昌明，粤港澳大湾区建设如火如荼，法治化营商环境不断优化时应运而生，具有特殊而重要的意义！

随着国家建设粤港澳大湾区，横琴粤澳深度合作区的设立，珠澳两地居民交往日趋频繁，往来非常密切。但由于两地法律规则不同，居民在实际工作与生活中，尤其是在房地产、婚姻家事、公司设立、劳动雇佣、知识产权等方面难免遇到很多问题与挑战。如何帮助珠澳两地居民在两地融合中了解法律规则，有效预防和解决纠纷则尤为重要。

中国律师为推动国家法治建设发挥了重要作用。经过 40 余年的发展，全国已有约 54 万名律师，其中广东律师 6.1 万余名。比邻澳门特区的珠海律师身处改革开放最前沿，不忘法律人的初心与使命，多年来为国家法治建设，为珠海经济特区建设作出积极贡献，并取得优异成绩。澳门特区律师不仅具有国际视野、较高法律专业水平，更心系祖国，关心国家建设与发展。一直以来，珠海与澳门法律人联系紧密，两地法律人共同举办了很多学术交流活动，大家相得益彰。本次由珠澳法律人共同编写本书不仅恰逢其时，也反映出两地法律人同源同生同共荣，充分体现了珠澳两地法律人的责任与担当，其表现可圈可点。

在祖国迎来澳门回归 22 周年之际，珠澳两地法律人用他们精深的专业与严谨务实的态度为粤港澳大湾区献上这份厚礼，是源于两地法律人对国家的热爱与归属，对法律的敬仰与尊重。他们乐于奉献的精神，无愧于这个伟大的时代！

*

2021 年 12 月 9 日

---

* 肖胜方，全国人大代表、中华全国律师协会副会长、广东省律师协会会长、最高人民法院和最高人民检察院特约监督员、广东胜伦律师事务所主任，享受国务院特殊津贴，全国五一劳动奖章获得者。

# 序　二

建设粤港澳大湾区，既是新时代推动形成全面开放新格局的新尝试，也是推动“一国两制”事业发展的新实践。中共中央、国务院印发《横琴粤澳深度合作区建设总体方案》，是新一轮主动对外开放的新标杆，为粤港澳大湾区“澳珠极点”建设指明方向，为横琴粤澳深度合作区开发开放提供指导性方案。在新形势下做好横琴粤澳深度合作区开发开放，是深入实施《粤港澳大湾区发展规划纲要》的重要举措，是丰富“一国两制”成功实践的重大部署，为澳门长远发展注入重要动力，有利于推动澳门长期繁荣稳定和融入国家发展大局。

粤港澳三地在“一国两制”的框架下，依据《宪法》《香港特别行政区基本法》《澳门特别行政区基本法》加强粤港澳大湾区法律合作，以促进大湾区法律制度体系协调，推动大湾区全面对接国际高标准市场规则体系，推动区域协同发展。为全面贯彻党的十九大和十九届历次全会精神，全面准确贯彻“一国两制”方针，充分发挥粤港澳综合优势，深化内地与港澳合作，在珠海市律师协会、澳门法律交流协进会、澳门法学协进会的共同倡议下，珠澳两地律师在新时代背景下不忘法律工作者的初心与使命，就两地居民共同关注的法律问题进行解答，内容涵盖民法、商法、劳动法、房产建工等法律专题，积极为推动两地法治建设贡献智慧和力量，充分体现法律人的责任与担当，使珠澳两地法律合作迈上新的台阶。

最后，期望本书的出版能为两地居民解答法律疑惑，帮助两地居民进一步了解两地法律。在此，衷心感谢两地法律工作者对本书的辛勤劳动与努力，向他们谨致以崇高敬意！

黄显辉*

2021 年 12 月 9 日

---

* 黄显辉，全国政协委员、全国人大常委会澳门特别行政区基本法委员会委员、中国法学会理事、澳门特别行政区立法会议员、澳门法律工作者联合会理事长、澳门基金会监事会主席，获澳门特别行政区行政长官颁授专业功绩勋章。

# 编写说明

随着不断推进的粤港澳大湾区建设,以及横琴粤澳深度合作区的设立,广东省珠海市与澳门特区两地的融合不断加强。两地在投资、经营、金融、企业设立及公司治理、并购、建设工程、婚姻家事、劳动雇佣、知识产权保护、保险、税收等多方面的法律指引需求越来越大。为做好对两地居民及企业的法律指引,强化其规则意识,有效防范法律风险,珠海市律师协会于2021年9月经过前期调研决定,联合澳门法律交流协进会、澳门法学协进会的法律同仁共同编写《"一问二答"珠澳两地法律指引手册》(第一辑)(以下简称《手册》),作为珠澳两地居民与企业在生活工作中的法律指引手册。

此事得到广东省珠海市司法局的深切关怀与大力支持,局党组书记、局长李红平听取项目负责人汇报,并给予指导。

珠海市律师协会与澳门法律交流协进会、澳门法学协进会就共同撰写《手册》举行隆重的签约仪式。随后,珠澳两地60余名律师积极参与《手册》的策划、组织、撰写与协调,于2021年11月完成初稿;两地律师通过线上会议方式多次沟通,于2021年12月初形成《手册》第二稿;2021年12月中旬完成《手册》第三稿。

本书分为四个部分,共120个问题。

本书是珠澳两地律师首次携手共同编写完成的项目，两地律师通过本次合作，增进了解并建立深厚的友谊，充分体现两地法律人的融合。相信此书能帮助珠澳两地居民有效防范工作与生活中的法律风险。

谨以此书献给澳门回归 22 周年！

谨以此书献给横琴粤澳深度合作区！

谨以此书献给珠海市律师协会成立 30 周年！

# 目录

## 第一篇

# 房产建工专题

# 1

## 001 购买一手房（楼）的一般流程？

### 珠海律师

购买一手房的流程一般如下：

(1)签订《商品房认购协议书》；

(2)支付购房定金；

(3)办理网签手续，签订正式《商品房买卖合同》，支付购房款；

(4)办理商品房预告登记；

(5)验收交楼；

(6)交税；

(7)办理商品房的不动产权证。

### 澳门特区律师

一手楼即开发商出售由其兴建之新楼盘，主要分为在建楼宇（俗称"楼花"）及已建楼宇。在澳门特区购买一手楼通常分为三个阶段。

第一阶段，买家在挑选新楼盘后，将实时与开发商签署《临时买卖合同》并支付订金。

第二阶段,买家须按照《临时买卖合同》规定的日期(习惯定为7~14日内)前往开发商指定律所签署《预约买卖合同》并支付首期订金余款(俗称“落大订”)。如为“楼花”销售,则须依法在澳门特区物业登记局进行“楼花”登记。

第三阶段,在买家按照合同规定支付楼款及向澳门特区财政局缴纳财产移转印花税后,开发商及买家须按照合同规定,在开发商指定律所及公证员处签署《买卖公证书》。由律所将该《买卖公证书》在澳门特区物业登记局进行登记。如为“楼花”销售,则在开发商完成兴建楼宇并获得澳门特区政府发出的《使用准照》(俗称“入伙纸”)后,才签署《买卖公证书》。

# 002 开发商销售房屋时应具备什么条件？

## 珠海律师

开发商销售预售房，应取得预售许可证。客户在购买预售商品房之前，可通过住房和城乡建设部官网查询商品房预售许可证备案信息。

开发商销售现售房，应当符合以下条件：(1)开发企业应当具有企业法人营业执照和房地产开发企业资质证书；(2)取得土地使用权证书或者使用土地的批准文件；(3)持有建设工程规划许可证和施工许可证；(4)已通过竣工验收；(5)拆迁安置已经落实；(6)供水、供电、供热、燃气、通信等配套基础设施具备交付使用条件，其他配套基础设施和公共设施具备交付使用条件或者已确定施工进度和交付日期；(7)物业管理方案已经落实。

客户在购买商品房之前可在售楼部查验上述证件，开发商一般会将上述证件在售楼部进行公示。

## 澳门特区律师

澳门特区开发商销售房屋主要分为“楼花”销售及已建楼宇销售。在建楼宇是指计划兴建、正在兴建的不动产，与已建楼宇之区别在于是否已获澳门特区政府发出“入伙纸”及在澳门特区物业登记局办妥分层所有权的确定性登记。

兴建中的楼宇在同时符合以下三个条件时，开发商方可获发销售“楼花”的《预先许可》：(1)已获发整体建筑工程准照。(2)已完成地基工程；如有地库层，则包括地库及地面层楼板的结构工程。(3)如属以分层所有权制度兴建的楼宇，则已完成设定分层所有权的临时登记。

为提高市场信息透明度，协助居民了解在售楼盘信息，澳门特区土地工务运输局设立“在建楼宇‘楼花’信息网”。该网载有“楼花”《预先许可》数据，以及所有楼宇项目阶段性技术数据（如案卷号码、技术规格说明、是否已发《使用准照》），居民可随时查询。

## 003 政府对房屋预售（“楼花”）有什么监管措施？

### 珠海律师

商品房预售实行许可制度。开发企业进行商品房预售，应当向房地产管理部门申请预售许可，取得《商品房预售许可证》。未取得《商品房预售许可证》的，不得进行商品房预售。开发企业申请预售许可，应提交下列资料：(1)商品房预售许可申请表；(2)开发企业的《营业执照》和资质证书；(3)土地使用权证、建设工程规划许可证、施工许可证；(4)投入开发建设的资金占工程建设总投资的比例符合规定条件的证明；(5)工程施工合同及关于施工进度的说明；(6)商品房预售方案。预售方案应当说明预售商品房的位置、面积、竣工交付日期等内容，并附预售商品房分层平面图。

为保证预售资金安全，政府会对商品房预售资金进行监管。各个城市也陆续出台相应的资金监管制度，目的是保障购房人合法权益。

## 澳门特区律师

在澳门特区，“楼花”买卖是不动产交易的一种常见方式，同时也存在不少风险。澳门特区第 7/2013 号法律《承诺转让在建楼宇的法律制度》（俗称“楼花法”），主要规范“楼花”的买卖、转售、抵押等法律行为。当事人若违反“楼花法”之规定，将承受不同的处罚。若开发商尚未获发预先许可便销售“楼花”，则“楼花”买卖合同无效，且开发商将被科处“偷步”销售的“楼花”价值 10% 的罚款。

“楼花”买卖合同须包含澳门特区第 7/2013 号法律附件所载的“必要事项”。如果缺少必要事项，买家可在“楼花”买卖合同的签名公证认定后一年内提出撤销合同。

为确保“楼花”买卖合同符合澳门特区第 7/2013 号法律及其他法律规定，特别是包含澳门特区第 7/2013 号法律附件所载的必要事项，合同的内容须经律师确认。欠缺律师确认声明的“楼花”买卖合同，将无法申请公证认定。

## 004 购房时如何委托他人代为签约？

### 珠海律师

自然人购房，委托他人代为签约的情况，虽法律法规未规定必须公证，但为保证代理行为的有效性，各地不动产登记中心一般会要求自然人到公证处办理委托他人购房的公证手续，即在公证员见证下，亲自签署委托他人购房的授权委托书。一般出卖人需要买受人提供经公证的委托他人购房的授权委托书。以珠海为例，按照珠海市不动产登记中心的相关规定，自然人因转移、抵押、注销等涉及不动产处分事宜，须委托他人申请登记的，其授权委托书应当经公证。具体公证指引可参考珠海市各公证处的官方网站。

### 澳门特区律师

若委托他人购房，须以授权书的方式授予他人代为签约。授权书须由公证员以公证书或认证语的方式制作，详细列清授权人和被授权人的身份资料、房产的识别数据，并须按自身实际需要决定是否授予被授权人代表办理相关手续，如授予借款、抵押、登记等。

## 005 购房过程中的认购书与买卖合同的关系是什么？

### 珠海律师

认购书属于商品房买卖合同的预约合同，是为约定双方在将来签订商品房买卖合同而达成的协议。在一般情况下，买卖双方还需签署正式的商品房买卖合同，房屋买卖合同关系才成立。

但在特殊情况下，如果商品房认购书具备《商品房销售管理办法》第 16 条规定的商品房买卖合同的主要内容，并且开发商已经按照约定收受购房款，那么商品房认购书就应当被认定为商品房买卖合同。若开发商以未签订正式商品房买卖合同为由不履行交付房屋等义务，则买受人有权要求开发商继续履行交付义务。

### 澳门特区律师

在澳门特区向开发商认购一手楼（现楼或“楼花”）时，如买卖双方均有意达成该买卖交易，但没有条件立即签订正式的买卖合约（如买方需办理按揭贷款、楼宇尚未建成仍处“楼花”状态等），则为约束双方日后达成该买卖交易，买卖双方一般会签署一份名为《临时买卖合约》（或“临时订购协议”等类似名称）的合同。该合同就该买卖交易的基本内容（如房屋的基本状况、买卖价金、定金、支付方式、签署正式买卖合同的期限等）达成初步确认。

《临时买卖合约》虽然名称中有“临时”一词，但一经签署便具有法律约束力。双方须于日后落实《临时买卖合约》约定（签订正式的买卖合同、办理物业登记手续等）；否则，便须承担相应的违约责任。在一般情况下，买家如不买，将丧失已交付卖家的定金；卖家如不卖，则须向买家支付双倍定金作为赔偿。且在符合法律规定的情况下，一方可向澳门特区初级法院提起诉讼，要求强制另一方达成有关买卖交易。

此外，在签订正式的买卖合同后，有关买卖才正式完成。但须留意的是，在税务责任方面，根据澳门特区的相关规定，买家在签订《临时买卖合约》之日起 30 日内须向澳门特区财政局结算及缴纳有关移转印花税。（相关税率见本篇问题 15）

## 006 客户签订购房认购书后可以更名或者转让该认购房屋吗？

### 珠海律师

这主要依据认购书中有无约定以及如何约定。如果没有约定，则须与开发商协商。在一般情况下，没有网签正式商品房买卖合同之前，可以更名，但开发商可能会根据不同情况收取一定的手续费。

### 澳门特区律师

由于《临时买卖合约》为约束买卖双方的具有法律效力的合同，因此，买方是否能够作出更名或转让，将依据合同相关约定。如合同约定可以更名或转让，则按合约之规定；如没有，则须取得作为合约另一方的开发商的同意。

同时，亦须留意，如买方在签订《临时买卖合约》后两年内作出更名或转让，则须根据澳门特区税务相关规定缴纳相应的“特别印花税”。（相关税率见本篇问题15）

# 007 定金与订金、诚意金的区别是什么？

**珠海律师**

定金是一种法定的担保形式，作为合同履行的金钱担保普遍存在于买卖合同关系中，有着严格的法定条件：(1)定金必须以书面形式进行约定；(2)定金必须实际完成交付；(3)定金数额不得超过主合同标的额的20%。给付定金一方如果不履行义务，则无权要求另一方返还定金；接受定金的一方如果不履行义务，则需向另一方双倍返还定金。

在房产交易过程中，订金具有预付款性质，在法律上没有明文规定。出现在房屋交易过程中的订金，在实践中一般被视为购房预付款。购房者可以在房屋买卖合同签订之前支付订金，在合同成立或履行后，由开发商返还或抵充房产价款。

诚意金与订金类似，在法律上也没有明确规定。在没有特别约定的情况下，一方给付诚意金后，即便对方出现违约情况，也不适用定金罚则。

## 澳门特区律师

在澳门特区，无论法律或实务上，定金与订金均为同一概念，具有相同意义和法律效力。而诚意金仅为实务上被使用的表述（但并不常见），本身并无对应的法律术语。

按照澳门特区现行法律，在预约买卖合同中，预约买受人向预约出卖人交付的全部金额，即使以提前履行或首期价金之名义作交付，亦被依法推定为定金。

定金具有保证履行的功能和处罚的功能。预约买卖合同中如设有定金，则在履约的情况下，定金将抵充应作之给付；而在不履约的情况下，违约赔偿的计算将与定金金额挂钩。

## 008 购买房屋后办理公示的手续有哪些？

### 珠海律师

交易双方进行的商品房网上签约或存量房网上签约（网签）、购买预售房时办理的预告登记、购买商品房或存量房的转移登记（办理不动产权证）及抵押登记等，都是依法要求办理的公示。

不动产登记中心对不同种类的公示有相应的办理手续要求。在一般情况下，均须交易双方提供各自的身份及房产资料原件亲自到场办理；购买商品房时，购房人可根据合同约定提供其身份资料，委托开发商代为办理上述公示手续。以珠海为例，可参考珠海市不动产登记中心官方网站中的“便民中心”→“办事指南”网页信息（http://bdc.zhuhai.gov.cn/bmzx/bszn/）。

### 澳门特区律师

在澳门特区购买房屋后，须到澳门特区物业登记局办理登记手续。其目的在于将不动产的法律状况公开，保障不动产交易的安全，起到公示作用。并且不动产在登记后才对第三人产生效力。

办理登记手续，可由本人或授权他人提出申请，出示身份证明文件正本，填妥并递交由澳门特区物业登记局提供的申请表，附同取得不动产的证明文件（买卖公证书之证明，俗称“副契”）、已完税的印花税凭单（财政局 M2 格式的印花税凭单）。若授权他人提出申请，须递交被授权人的身份证明文件和授权书，但若被授权人是律师，则无须授权书。此外，还须缴纳法律规定的登记费用。

完成登记后，取得不动产的事实便记载于物业登记系统内并被公示，而申请人获发本次登记的数据记录。

## 009 买卖合同一般有哪些主要内容？

### 珠海律师

商品房销售时，房地产开发企业和买受人应当订立书面商品房买卖合同。商品房买卖合同应当明确以下主要内容：

(1)当事人名称或者姓名和住所；

(2)商品房基本状况；

(3)商品房的销售方式；

(4)商品房价款的确定方式及总价款、付款方式、付款时间；

(5)交付使用条件及日期；

(6)装饰、设备标准承诺；

(7)供水、供电、供热、燃气、通信、道路、绿化等配套基础设施和公共设施的交付承诺和有关权益、责任；

(8)公共配套建筑的产权归属；

(9)面积差异的处理方式；

(10)办理产权登记有关事宜；

(11)解决争议的方法；

(12)违约责任；

(13)双方约定的其他事项。

## 澳门特区律师

买卖合同，系将一物之所有权或其他权利移转以收取价金的合同，具体效力包括：权利的移转、物的交付义务及价金的支付义务。

一般而言，买卖合同的主要内容包括：立约双方的身份资料，目标物的清晰描述（含详细地址、物业登记局标示编号、登录编号、财政局房地产记录编号），价金金额及支付方式。同时，根据目标物所在土地的性质，依法须记载与土地相关的税务提醒。

即便某些内容（如合同费用及其他附带费用）没有记载于合同之中，则将适用法律规定，而不会导致合同无效。

## 010 房地产一般有几类?

### 珠海律师

按照用途分为:

(1)居住房地产:包括普通住宅、高档公寓、别墅等。

(2)非居住房地产:非居住房地产又可分为商业房地产、办公房地产、工业房地产、农业房地产和特殊用途房地产。

①商业房地产,包括百货商场、购物中心、商业店铺、超级市场、批发市场等。

②办公房地产,包括商务办公楼、政府办公楼等。

③工业房地产,包括工业厂房、仓库等。

④农业房地产,包括农地、农场、林场、牧场、果园等。

⑤特殊用途房地产,包括车站、机场、医院、学校、教堂、寺庙、基地等。

### 澳门特区律师

在澳门特区,如果土地上无独立经济价值的建筑物,则属于农用房地产；而当土地上附有楼宇，则该楼宇连同附属楼宇的土地，则属于都市房地产。都市房地产根据用途进行分类，主要包括：住宅或居住用途的房地产；工业用途的房地产；商业用途的房地产；服务、写字楼及自由职业用途的房地产；酒店及同类活动用途的房地产；社会、集体或公共设备用途的房地产；机动车辆停泊用途的房地产。

# 011 如何办理一手房(楼)的银行按揭手续?

## 珠海律师

以珠海为例,一手房的银行按揭流程如下:借款人(购房人)到银行或委托律师咨询贷款购房的具体要求和流程。→借款人与开发商签订商品房认购书,并按银行要求提出贷款申请,签订借款合同。→银行按流程开展贷款的调查、审批工作,出具同意贷款申请的文书(同贷书)。→借款人与开发商网签购房合同,银行办理商品房的抵押登记手续。→办妥抵押登记且借款人征信无重大变化后,银行将贷款划至开发商账户,并通知借款人开始按约归还贷款。→借款人全部贷款还清,注销抵押登记。

目前每家银行的贷款手续和审批流程各有不同,为避免交易风险,建议购房人务必先行了解银行政策或取得同贷书后再签署认购书。

## 澳门特区律师

有关一手楼买卖方面,根据楼宇是否受第 7/2013 号法律《承诺转让在建楼宇的法律制度》规范而有不同处理。

若有关物业已存在确定性的分层登记，则不受第 7/2013 号法律规定的约束；有关按揭流程与普通二手楼宇相同，即预约买受人与银行接洽，银行发出按揭信函后即可签署买卖公证书。

若有关物业只存在临时的分层登记，则受第 7/2013 号法律规定的约束。在这种情况下，开发商仅在获得澳门特区土地工务运输局的预先许可后，才可与预约买受人及承办按揭的银行签订承诺转让及承诺设定负担的法律行为，即俗称的“三方约”。有关合同须作公证认定及作出物业登记。

待分层登记转为确定登记后，则须再签署买卖及抵押公证书。

# 012 如何办理二手房(楼)的房屋抵押手续?

## 珠海律师

以珠海为例,二手房的房屋抵押手续流程如下:借款人(购房人)到银行或委托律师咨询了解办理贷款购房的要求和流程。→借款人与出卖人签订购房协议。→按银行要求提出贷款申请,签订贷款合同。→买卖双方向银行指定或认可的房地产评估机构申请房产评估。→银行审核借款人资质、房屋评估价格、贷款额度和期限等,出具同意贷款申请的文书(同贷书)。→借款人支付首付款,与出卖人办理房产过户手续。→领取不动产权证后,银行办理房屋抵押登记手续。→抵押登记办妥且借款人征信无重大变化后,银行划款至出卖人账户,借款人开始按约归还贷款。→借款人贷款还清,注销抵押登记。

目前每家银行的抵押贷款手续和审批流程各有不同,为避免交易风险,建议借款人先行了解银行政策和流程后,再与出卖人签署购房协议。

## 澳门特区律师

办理二手楼抵押手续需要由二手楼买家自行到银行洽谈。一般买家需要向银行提交物业预约买卖合约、买方之身份证明文件、收入证明等资料向银行申请办理贷款，有关审批程序因银行不同而有所差异。

一般来说，银行对申请抵押贷款的审批标准取决于申请人的借款用途、申请人的资历及信誉、还款能力、抵押品的价值、银行的回报及法律保障等，先评估后再审批。

在银行审批有关贷款后，会要求申请人（买家）到银行签署文件，随后银行出具信函予承办有关楼宇买卖手续的律师楼（私人公证员），以便在签署正式买卖公证书（俗称“做契”）时一并签署抵押公证书。

需注意的是，有关抵押权须作登记，登记后方在当事人间产生效力。

# 013 客户签订购房认购书后何时可以领取房产证？

## 珠海律师

何时领取房产证一般由客户与开发商在买卖合同中予以约定。如果双方没有约定的，预售商品房的客户应当在商品房交付使用之日起90日内，到不动产登记中心申请办理不动产权证（房产证）；现售商品房的客户应当在销售合同签订之日起90日内，申请办理不动产权证。开发商应当协助购房客户办理产权登记手续，并提供必要的证明文件。

## 澳门特区律师

在澳门特区，签订购房认购书即签订楼宇的预约买卖合同。买卖双方会就日后签订买卖公证书的日期达成约定。由于澳门特区没有房产证，若需要证明有关房产的归属则须以物业登记证明书予以证明。对此，只要买卖双方在签署有关买卖公证书后，将买卖公证书提交澳门特区物业登记局作登记，而登记一般需要15个工作日，在登记完成后，客户便可取得澳门特区物业登记局所发出的物业登记证明书。

## 014 办理一手房(楼)房产证有哪些手续?

### 珠海律师

一般根据各地不动产登记中心的要求提供相应资料,审核通过后,颁发房产证。以珠海为例,按目前珠海市不动产登记中心公布的办事指南要求,办理一手房房产证需提交以下资料:

(1)不动产权登记申请书(原件)。

(2)申请人身份资料(原件,如身份证、营业执照)。

(3)不动产权属证书等权属证明文件(原件)。

(4)转移登记前已办理预告登记的提交不动产登记证明(原件)。

(5)商品房买卖合同(原件)。如果已办理预告登记的,转现售房登记时无须再次提交该合同。

(6)购房发票办证联(原件)。

(7)税务部门完税或减免税凭证(原件)。

(8)符合本地区限购政策或其他商品房销售政策的证明文件或资料(原件)。

## 澳门特区律师

澳门特区没有房产证，办理买卖楼宇手续后会以公示性质载于物业登记系统中。一手楼即新建楼宇，澳门特区绝大部分不动产皆为分层建筑物，因此在办理新建楼宇的买卖公证书前，先要确保有关新建楼宇分层登记已经做好，使用准照已经发出并登记，从而取得新建楼宇的物业登记证明书。再连同澳门特区财政局所发出的 M1 凭单，买卖双方便能到私人公证员处或公共公证署由公共公证员办理有关之买卖公证书。签订买卖公证书后，填写澳门特区物业登记局的申请表，连同取得物业的证明档（一般为“副契”）及已纳税的印花税凭单于澳门特区物业登记局办理物业登记（最长 15 个工作日可完成）。

完成登记后，有关登记事实便会载于物业登记系统。而登记之事实为公示性质，申请人亦会获得有关登记的资料。

## 015

# 一手房（楼）买卖过程中需要缴纳哪些税费？

### 珠海律师

不同地区的一手房税率略有不同。以珠海为例，买受人一般需要缴纳以下费用（具体以当地税务等部门最新规定为准）：

（1）契税：①个人购买家庭唯一住房或个人购买家庭第二套改善性住房，面积为90平方米及以下的，按合同价1%收取；面积为90平方米以上的，按合同价1.5%收取。②个人购买家庭第二套改善性住房，面积为90平方米以上的，按合同价2%收取。③个人购买家庭第三套住房或非住宅房屋的，按合同价3%收取。

（2）印花税：若为住宅，免收印花税；若为非住宅，按合同价0.03%收取。

（3）不动产登记费：住宅类按80元/件收取，非住宅类按550元/件收取，车库、车位、储藏室按80元/件收取。

（4）证书工本费：核发一本不动产权属证书，免收证书工本费；每增加一本证书，加收10元。

（5）物业专项维修资金：一次性交存：未配置电梯的住宅物业专项维修资金按70元/平方米收取；配置电梯的住宅物业专项维修资金按90元/平方米收取；非住宅物业专项维修资金按100元/平方米

收取。分期方式交存：未配置电梯的住宅物业专项维修资金按每月0.3元/平方米收取、配置电梯的住宅及非住宅物业专项维修资金按每月0.4元/平方米收取。

## 澳门特区律师

买方购买一手楼，需要缴纳不动产移转印花税。除上述税项外，若非取得人的首个居住用途不动产，属第二个不动产，额外须缴的税率为可课税金额5%的取得印花税；若属取得人第三个或以上的不动产或其权利，则额外须缴纳的税率为可课税金额的10%。非澳门居民或法人须额外缴纳的税率为可课税金额10%的特别印花税。若取得不动产或其权利的文件、文书或行为后，且在结算之日起两年内对该不动产或其权利作出临时或确定移转，则须缴纳特别印花税；如移转是在一年内作出，税率为可课税金额的20%；如移转是在期间届满后一年内作出，税率为可课税金额的10%。此外，还需缴纳公证费、公证印花税及物业登记费。

## 016 在一手房(楼)买卖中涉及哪些代办费用?

### 珠海律师

在一手房买卖中一般涉及的代办费是签约办证服务费。签约办证服务费,是服务商(一般是开发商选定的律师事务所)为客户和开发商办理房屋买卖所涉的签约手续及办证手续而收取的费用。以珠海市香洲区为例,根据不同地段、楼盘规模及工作量的不同,该服务费从 1000 元/户至 3000 元/户不等,具体以各楼盘律师事务所的具体服务价格为准。

### 澳门特区律师

向开发商购买一手楼没有强制的代办费用。只有当通过律师事务所或私人公证员代为办理物业登记手续时,才需按委托的律师事务所或私人公证员的具体收费标准来支付代办费用。

# 017 土地使用权的期限是多长，到期后怎么办？

## 珠海律师

土地使用权期限的长短需根据其具体用途而定，出让的最高年限分别为：

(1)居住用地:70 年;

(2)工业用地:50 年;

(3)教育、科技、文化、卫生、体育用地:50 年;

(4)商业、旅游、娱乐用地:40 年;

(5)综合或者其他用地:50 年。

按照《民法典》第 359 条的规定，住宅建设用地使用权期限届满的，自动续期。续期费用的缴纳或者减免，依照法律、行政法规的规定办理。非住宅建设用地使用权期限届满后的续期，依照法律规定办理。该土地上的房屋以及其他不动产的归属，有约定的，按照约定；没有约定或者约定不明确的，依照法律、行政法规的规定办理。

**澳门特区律师**

澳门特区的土地分为国有土地与私有土地。国有土地中,又分为公产与私产,其中的私产可通过“长期租借”与“租赁批给”的制度批准使用。澳门特区现行的《土地法》已不再设有“长期租借”的制度,但按照旧法已设立的“长期租借”批地仍继续有效。澳门回归后,新批给的土地均以“租赁批给”的制度批准。对于私有土地及通过“长期租借”批准的土地,其使用权没有年期限制。通过“租赁批给”的土地使用期一般不超过 25 年,期满后每 10 年可自动续期一次而无须申请。

# 018 珠海和澳门特区目前的限购政策是什么？

## 珠海律师

珠海市对住宅执行限购政策（法拍房不限购），具体限购政策如下：

（1）珠海户籍：以家庭为单位，限购 3 套（不含别墅）。其中，全市均可购买（含一手房、二手房）。

（2）外地户籍（港澳户籍除外）：以家庭为单位，限购 2 套（不含别墅）。其中，第 1 套全市均可购买（含一手房、二手房），第 2 套仅限于斗门区购买（只限一手房）。

（3）香港特区户籍：以个人为单位，限购 2 套（不含别墅），在珠海大桥东西各 1 套或者在珠海大桥西 2 套（二选一）。

（4）澳门特区户籍：以个人为单位，限购 3 套（不含别墅），其中前 2 套的购买方案与前述香港特区户籍地一致。若在横琴无住房的情况下，在横琴可新购第 3 套。

（5）高层次人才：限购 1 套，全市均可购买（含一手房、二手房）。

以上为截至 2021 年 11 月 1 日的限购情况，均无社保或个税要求，具体情况及最新政策以珠海市官方解释为准。

## 澳门特区律师

澳门特区没有限购政策，法律并没有限制澳门特区本地居民、外地居民、本地或外地的法人购买不动产的数量，买家仅需在税务上增加支出。

澳门特区现行法律规定不动产的买家除须缴付财产移转印花税外，还规定在某些情况下须缴付额外印花税及取得印花税。额外印花税，是指法人、自然人商业企业主或非本地居民，无论是以有偿还是无偿方式取得作为居住用途的不动产，都须缴付买卖价金 10% 的税款。取得印花税，是指对已持有一个作居住用途之不动产的自然人或法人，在取得第二个作居住用途之不动产时须缴付买卖价金 5% 的税款，在取得第三个或以上作居住用途之不动产时须缴付买卖价金 10% 的税款。

# 019 停车位有没有产权证？

## 珠海律师

购买停车位的流程与购买商品房的流程基本一致，但按我国法律规定，车位应优先出售给小区业主。业主购买时需在不动产登记中心网站上签署车位买卖合同，进行备案（网签）。业主按照合同支付停车位费用后，开发商开具发票。业主交税，并按要求提交齐全资料后即可到不动产登记中心办理产权过户，领取不动产权证。

但小区内占用属全体业主所有的公共道路或人防工程的停车位，因不具有产权性质，目前无法在不动产登记中心办理不动产权证。

## 澳门特区律师

在澳门特区的相关制度下，并没有就不动产产权证制度。

在一般情况下，任何人若查询有关物业的资料（如所在地、面积、业权人或抵押情况等数据），均可向澳门特区物业登记局申请获发《物业登记证明书》或《物业登记书面报告》（或俗称"查屋纸"），从而了解相关的业权状况。

澳门特区的停车位根据权利不同分为不同种类，包括：

(1)具有完全独立登记编号的停车位：是一般的分层单位。车位从登记上具有明确的编号及具体位置，业权一般不存在争议。

(2)专用权停车位：车位在作出分层登记时已设定为分层建筑物的共有部分，并对停车位的使用作出专门指定，即只有特定人士可以使用。业权由各分层所有人按比例共同拥有。

(3)份额制停车位：在分层登记时，一整个或其中一层停车场被设定为一个独立单位，各停车位的所有人只占整个停车场特定的百分比。

# 020 开发商逾期交房怎么办？

**珠海律师**

开发商何时向购房者交付房屋由商品房买卖合同进行约定。如开发商不按照商品房买卖合同约定的时间交付房屋，购房者可按照合同的约定，要求开发商承担逾期交房的违约责任。如果合同没有约定违约金数额或者没有约定如何计算损失赔偿额，则可以按照延期交付房屋期间有关主管部门公布或者有资格的房地产评估机构评定的同地段同类房屋租金标准确定开发商的赔偿额。

除另有约定外，开发商迟延交付房屋，经催告后在三个月的合理期限内仍未交付房屋的，购房者可请求解除合同，要求开发商返还已支付购房款并赔偿损失。

购房者需注意，请求解除合同要在有效期内行使。法律没有规定或者当事人没有约定的，购房者应自知道或者应当知道解除事由之日起一年内行使。若逾期未行使，则购房者请求解除合同的诉求将可能无法得到法院支持。

## 澳门特区律师

开发商与买家一般会通过书面形式签订预约买卖合同。

预约买卖合同，是指双方以书面形式，承诺日后签署正式买卖公证书转让房产的协议。一般而言，买方会向卖方交付定金，并在合同中注明缴付余款、交收物业、签契的时间及地点，以及当任一方违反合同条款时，对方可依据预约买卖合同追讨赔偿等内容。

因此一旦发生逾期交房，开发商须按照预约买卖合同约定作出赔偿。

如果开发商与买家已签署的预约合同没有约定相关条款，出现逾期交房之情况，则根据法律规定构成迟延之状况。此时，开发商有义务向买方弥补对买方所造成的损害。

# 021 开发商延期办理房产证，该怎么办？

## 珠海律师

开发商应在何时办理房产证一般由买卖双方签署的商品房买卖合同进行约定。如开发商不按照商品房买卖合同约定的期限办理房产证(不动产权证)，或在双方合同没有约定的情况下，预售房自交付使用后90日或签订现售房买卖合同后90日内，由于开发商的原因，购房者未能取得不动产权属证书(房产证)，则购房者可要求开发商按照合同约定承担逾期办证的违约责任。合同没有约定违约金或者损失数额难以确定的，购房者可以按照已付购房款总额，参照中国人民银行规定的金融机构计收逾期贷款利息的标准计算违约金，要求开发商承担。

在商品房买卖合同约定的办理不动产登记的期限届满后，或者在预售房自交付使用后90日或签订现售房买卖合同90日后超过一年，由于开发商的原因，导致购房者无法办理产权过户的，购房者可以请求解除商品房买卖合同并要求开发商赔偿损失。

## 澳门特区律师

澳门特区并没有房产证制度，而是由买卖双方以签署买卖公证书的方式，使买方取得作为新业主的权利。

若开发商与买家在预约买卖合同中已约定签署买卖公证书的日期，但因可归责于开发商的原因而延期签署买卖公证书，则根据法律构成迟延之状况，开发商有义务弥补对买方造成的损害。此时，如预约买卖合同中有约定迟延签署买卖公证书之条款，则按合同条款处理；如预约买卖合同没有约定，则买家可要求开发商赔偿损失。

如果开发商于警诫性催告所给予的期间内仍未能交房，则开发商的迟延履行转为确定不履行。买家可根据澳门特区《民法典》规定，通过特定执行而取得该不动产，或要求双倍返还定金。如损害数额远高于定金数额，则超出损害部分仍有可能获得赔偿。

## 022 珠海和澳门特区目前的限售政策是什么?

### 珠海律师

根据现行的限售政策,2017 年 4 月 8 日之后购买的住宅,须取得不动产权证满 3 年后方可上市交易。在横琴一体化区域中,高端、优秀人员购房后 3 年内限售,企业自认人才购房后 8 年内限售;法拍房 3 年内限售;商业用房不限售。以上为截至 2021 年 11 月 1 日的限售政策,具体情况及最新政策以珠海市官方解释为准。

### 澳门特区律师

澳门特区并没有限售政策。原则上,当双方合意并按照公证法所规定的以公证书方式签订买卖合同,楼宇的买卖行为已属有效,足以产生所有权移转的效力,而此时便可对物业作出转让或出租等行为。但须注意,除须遵守法定要式外,买方还需缴付因不动产移转所产生之印花税项;否则,不得对其所有权作出登记。

基于市场交易及安全性理由,一般会以取得物业登记证明的人为物业权人,并以此向第三人证实具备业权人的身份。

## 023 二手房(楼)交易中,如何查询拟购房屋的相关情况?

### 珠海律师

可到房屋所在地不动产登记中心查询二手房相关情况,珠海市有线上、线下两种方式。

(1)线上查询

①登录珠海市不动产登记中心官方网站,点击“登记信息查询”,微信扫码完成人脸识别,输入拟查询房产的资料(如产权人、产权证号等),查询房产基本信息及查封、抵押、异议、挂失、权证是否变更等状态。

②进入微信公众号“珠海不动产”。在“个人中心”完成“身份绑定”,点击“服务—我要查询—登记资料查询—不动产登记信息查询”,输入权利人名称及产权证号,点击“查询”即可。如查公司房产,在“权利人姓名”处输入公司名称,在“身份证号”处输入公司的统一社会信用代码。

(2)线下查询

凭申请人身份证原件、房产证原件或与该房产相关的利害关系证明原件，提供权利人信息及房产证号或具体地址，可到珠海市不动产登记中心各网点查询。

### 澳门特区律师

在澳门特区，于二手楼房屋交易前，为查询拟购房屋的状况，买家可以向澳门特区物业登记局申请该房屋的“物业登记书面报告”（也就是俗称的“查屋纸”）。物业登记书面报告中载有以下与房屋相关的重要资料和情况：

房屋的识别数据，包括房屋的位置、楼宇构成、房屋所在土地的性质（属私家地或政府批地）等；如属于独立单位，也会显示单位的面积与用途（如属居住用途、商业用途或停车场等）。

房屋业权人的资料，包括业权人的姓名、取得房屋时的婚姻状况、权利中所占的份额等。

抵押以及所担保的贷款数据（如有），以及房屋是否涉及诉讼、查封或扣押等情况。

## 024 夫妻一方名下的婚后房产，转让过户时须另一方配合办理手续吗？

### 珠海律师

根据房产所在地不动产登记中心的政策，以及银行等抵押权人（如有）的要求，来决定是否需要配偶配合办理相关手续。

以珠海市为例，目前珠海市不动产登记中心对于办理过户手续，一般仅要求房产证上所记载的权利人本人到场接受询问，并审核买卖双方身份及交易情况。如该房产有贷款抵押，且此前设立抵押登记时，一方签署了抵押合同或办理过抵押手续的，则该一方本人须按银行等抵押权人的要求到场配合办理相关手续。

### 澳门特区律师

澳门特区法律设有四种夫妻财产制度，包括分别财产制、一般共同财产制、取得共同财产制及取得财产分享制。当夫妻一方拟出售婚后购入的房产时，需要考虑夫妻选用的财产制度，以确认是否须取得另一方同意才能出售：

(1)分别财产制：夫妻任何一方于婚前或婚后所购入的房产，都属于自己的个人财产，所以原则上无须获得对方的同意（家庭居所除外），便可出售自己的房产。

(2)一般共同财产制：夫妻任何一方于婚前或婚后所购入的房产，都属于夫妻的共同财产。因此，若任何一方要出售属于共同财产的物业，须取得对方的同意后才能进行。

(3)取得共同财产制：夫妻任何一方于婚前购入的房产，属于自己的个人财产；而于婚后购入的房产，原则上属于夫妻的共同财产。因此，若任何一方要出售婚后购买的房产，一般须取得对方的同意后才能进行。

(4)取得财产分享制：在取得财产分享制的情况下，夫妻任何一方于婚前购入的房产，都属于该方的个人财产；在婚后购入的房产，则属于夫妻可供分享的财产。不管是个人财产或夫妻可供分享的财产，购入的一方原则上都可以随意出售而无须配偶同意，除家庭居所以外，一方可自由处分自己的房产。

在夫妻共同生活的物业的出售方面：夫妻有共同生活的义务，所以为保障任何一方能有安身之所，法律又规定，如果夫妻任何一方所购入的房产属于夫妻家庭居所，那么不管夫妻之间采用何种财产制度，当任何一方出售时都要取得配偶的同意后才能进行；否则，在未经同意下的出售有可能会被撤销，而私自出售者（配偶任一方）亦可能要承担相应的赔偿责任。

## 025 有抵押贷款的二手房转让过户的详细流程是怎样的?

### 珠海律师

在一般情况下,流程如下:

(1)查验房屋现状、产权及抵押查封情况,核验买卖双方的售房或购房资格。

(2)签订房屋买卖合同,买方按约支付定金。

(3)卖方申请提前还贷(赎楼)。

(4)买方一次性或分期付款,或申请按揭贷款(卖方协助,若同贷书批准的贷款额度变少,买方须补足差额)。

(5)卖方还清按揭贷款,银行注销抵押登记。

(6)买卖双方办理网签手续,并在该网上系统中按要求提交相应资料及申请办证预约,审核通过后按预约时间到不动产登记中心现场办理缴税、过户手续。

(7)买方领取新证后,买方的贷款银行办理不动产抵押登记、发放贷款。

(8)交房:卖方交清物业管理费、水电杂费等,迁出户口、交钥匙。

双方可自由约定交房时间。

卖方出售已出租房屋前，应提前通知承租人（享有优先购买权），但转让给房屋共有人或卖方近亲属的除外。

### 澳门特区律师

若物业存在抵押，于转让时按一般交易习惯，须取消物业上的抵押登记，即所谓的“销号”。

常见的有以下两种情况：第一，原业主有能力将其抵押物业的贷款全数归还银行，银行将会发出取消按揭委托函（销号信）。买卖双方可与公证署或私人公证员签署买卖公证书。一般于签署买卖公证书同日，银行代表人会签署声明允许取消相关物业的抵押。第二，若原业主暂未能将抵押物业的贷款全数归还银行，需以出售物业之价金以清偿，则拥有抵押权的银行会与买家办理按揭，待取得承诺信函后拥有抵押权的银行会发出取消按揭委托函件，之后买卖双方便可与公证署或私人公证员签署买卖公证书。一般于签署买卖公证书同日，原业主、买家及银行代表人会签署买卖及抵押公证书，而拥有抵押权的银行代表则签署声明允许取消相关抵押登记。

## 026 房屋可以带抵押转让过户吗?

### 珠海律师

《民法典》第406条规定,可以带抵押过户。各大银行也在研究落地措施。以珠海市为例,截至2021年11月底,珠海地区的工商银行、中国银行、建设银行等,可允许买卖双方在原抵押权人(贷款银行)不变的情况下,无须先行解除抵押,直接带抵押办理过户手续。目前其他银行在落地政策出台前仍规定须办理赎楼解押手续后才能过户,具体以各大银行最新公布的政策为准。

### 澳门特区律师

在法律上房屋可以带抵押转让过户,但转让后房屋仍然是抵押财产,并继续为原债务人作担保。当原债务人没有或未能偿还债务时,该房屋将用作抵债。因此,在一般房屋买卖交易中,新业主一般要求原业主须同时取消抵押,才会完成交易,以确保取得无负担的房屋。

## 027

## 房产中介在为房产交易提供中介服务过程中须履行哪些法定义务?

### 珠海律师

中介人应当向委托人履行如实告知义务和合理审查义务。故意隐瞒与订立合同有关的重要事实或提供虚假情况,损害委托人利益的中介人,不得请求支付报酬,并应当承担赔偿责任。

如实告知义务和合理审查义务主要指:将房产的查档结果、不动产权证、委托书等提供给买方,查明并告知是否唯一住房、有无出租、有无重大瑕疵,以及买卖双方的售房或购房资格、银行贷款政策、税收政策等影响成交的重要信息。

### 澳门特区律师

澳门特区的房地产中介人在提供房地产中介服务过程中,一方面有义务核实客户是否具备订立房地产交易的能力及正当性,也需要核实物业的法律状况、特征、价格、付款条件、物业负有的责任或负担等相关信息,以清楚及客观的方式提供给拟购入物业的客户,更需要实时向客户汇报对房地产交易有任何利害关系或有影响的事实。

另一方面,在房地产中介人提供服务的过程中,除需要佩戴由房地产中介人或房地产中介公司发出的工作证以外,对于从事业务时直接或间接知悉的事实、信息及个人资料,也须严格遵守保密义务。在未经客户同意的情况下,不得将客户及物业的数据披露给其他房地产中介人或房地产中介公司,也不得将客户进行转介。若违反上述义务,房地产中介人会被依法处罚。

## 028

## 买卖双方通过中介公司的推介撮合签订了房产转让合同，并均依约向中介公司支付了中介费用。此后买家因信用不良而无法获得银行贷款，继而解除房产转让合同，中介公司是否有权不予退还买卖双方的中介费？

### 珠海律师

中介公司已经促成买卖双方订立房屋买卖合同，除非合同另有约定，否则委托人应当支付中介费。由于买家个人征信问题导致解约，如中介公司对此无过错则无须向买卖双方退还已收中介费，但如中介公司对导致解约的问题存在过错，法院一般会酌情判决中介公司退还部分中介费。

### 澳门特区律师

在澳门特区，通过房地产中介人进行房地产交易时，必须要以书面方式签订房地产中介合同，而该合同必须载明佣金（或称中介费用）及其他约定的费用金额、支付方式和条件。所以，对于问题所指的情况是否可以要求退还中介费，必须以房地产中介合同的规定为准。

根据澳门特区不动产中介服务之行规，除非房地产中介合同另有协议，或房地产中介人违反《房地产中介业务法》及不动产中介服务业行业守则（行规）的其他情况；否则，在房地产经纪已促成房产转让合同（相当于澳门特区的预约买卖合同）后，买卖双方已付的佣金不得要求取回。

# 029 珠海居民与澳门居民登记结婚后想离婚、分割财产，可通过什么途径解决？

## 珠海律师

男女双方可以在内地通过协商、调解、诉讼等途径解决。

（1）双方若对子女抚养、财产分割协商一致，则可以签订书面离婚协议，亲自到珠海一方的户籍所在地（或广东省内经常居住地的婚姻登记机关）申请离婚。自婚姻登记机关收到离婚申请之日起 30 日内，任何一方不愿离婚的，可以撤回离婚申请。

（2）双方若无法协商一致，则可以选择调解或者直接向法院提起离婚诉讼。

①双方若选择调解，则可到婚姻家庭纠纷人民调解委员会等机构进行调解。双方协商一致的，可按上述第一种途径申请离婚登记。

②双方若选择诉讼，澳门居民一方作为原告的，则可向横琴粤澳深度合作区人民法院或珠海一方的经常居住地起诉离婚；珠海居民一方作为原告且澳门居民一方在内地有经常居住地的，也可向澳门居民一方在内地的经常居住地起诉离婚（具体以受理法院审核为准）。

## 澳门特区律师

在夫妻双方无未成年子女,结婚超过一年,且双方均同意离婚的情况下,双方可以向澳门特区民事登记局或澳门特区初级法院家庭及未成年人法庭申请两愿离婚。如双方有未成年子女,则仅能通过澳门特区初级法院家庭及未成年人法庭申请两愿离婚。

倘若另一方不愿意离婚,则拟离婚的一方须通过澳门特区初级法院家庭及未成年人法庭提出诉讼离婚。

关于夫妻双方分割共同财产方面,双方若在澳门特区拥有共同房产,离婚后,双方同意将有关财产分割给其中一方或平均分配,则可以向澳门特区公共公证署或私人公证员处签署有关之分割公证书,将双方在澳门特区的房产作出分割。夫妻双方若未能达成共识,则可通过澳门特区初级法院提出财产清册程序分割有关共同财产。

## 030 承租人未按合同约定的时间足额缴纳租金，又不愿搬离房屋，出租人若通过法院诉讼的方式解决纠纷，诉讼过程一般需多久？

### 珠海律师

内地诉讼实行两审终审制。出租人起诉承租人，在一审法院作出裁判后，若双方服判，一审裁判即生效；不服的任何一方均有权向上一级人民法院提起上诉（小额诉讼除外），二审法院作出的裁判是终审裁判。

一审审限：适用简易程序的案件，一般在立案之日起三个月内审结。适用普通程序审理的案件，一般在立案之日起六个月内审结；特殊情况需要延长的，可以延六个月；还需要延长的，报请上级法院批准。

二审审限：对一审作出判决的上诉案，一般在二审立案之日起三个月内审结；如遇特殊情况，二审法院院长可批准延长。对一审作出裁定的上诉案，一般在二审立案之日起30日内审结。

## 澳门特区律师

出租人可以通过提起勒迁之诉请求法院判处承租人支付欠缴租金、解除租赁合同并命令承租人勒迁，诉讼时间约六个月至一年半不等。

## 031 如在地下车库不小心刮蹭相邻汽车，是否属于交通事故，应通过什么途径解决？

### 珠海律师

如果是公共停车场的地下车库，属于《道路交通安全法》规定的“道路”。在此地发生的事故，属于法律规定的“交通事故”。如果是住宅小区的“地下车库”，则不属于《道路交通安全法》规定的“道路”。在此地发生的事故，不属于法律规定的“交通事故”，但可参照《道路交通安全法》的规定处理。

解决途径：肇事者可与对方自行协商处理赔偿事宜。若协商不成，则可向公安机关交通管理部门报案，由其进行责任划分。在责任明确的基础上，若双方对损害赔偿事宜有争议、无法达成一致的，则受损方有权向法院提起诉讼主张赔偿。

若未造成人员伤亡且双方均有机动车交通事故责任强制保险的，可通过交通事故快处快赔程序解决，即通过交通事故互联网在线申请或通过交通事故保险理赔服务中心办理手续。

## 澳门特区律师

澳门特区有关法律并无明文规定何为“交通事故”，只考虑车辆发生事故或碰撞时，是否适用澳门特区有关法律《道路交通法》。如属于澳门特区有关法律《道路交通法》所指“道路”，则驾驶者须及时对事故作出处理；否则，可能构成逃避责任罪。

当驾驶者在故意或过失之情况下，对他人的车辆造成损毁，行为人须对受害人负民事责任，即有义务向受害人作损害赔偿。其目的是使损毁物恢复损毁前的状态。当不可能恢复原状或不能够恢复时，行为人须以金钱赔偿弥补受害人的损失。

所以当驾驶者不小心刮蹭相邻汽车时，应当立即联络车主并尝试私下协商赔偿。如未能与车主联络，则应立即联络治安警察局交通厅，由警员到场作出记录并联络车主以达成协议。

# 032

## 买家向开发商购买新建成的独立不动产，如在交付后出现渗水漏水，买家享有哪些权利？

### 珠海律师

房屋交付后发生渗水漏水的，要根据渗漏水原因分析买家享有的权利：

（1）如果查明渗漏水是邻居造成的，则买家有权请求对方排除妨害、修理或恢复原状，并有权请求赔偿损失。

（2）如果属于保修期限内的质量问题，则买家有权要求开发商履行保修义务，进行修理、恢复原状，并有权请求赔偿损失。

（3）如果因房屋质量问题严重影响使用或房屋主体结构质量不合格，则买家可以请求开发商解除合同、退还房款、赔偿损失。

买家请求排除妨害、修理、恢复原状，可随时主张权利；买家请求赔偿损失，应自知道或者应当知道权利受到损害起三年内主张权利；买家若请求解除合同的权利期限，有约定的，从约定；在约定期限届满前不行使，则解除权消灭。没有约定的，买家应自知道或者应当知道解除事由之日起一年内主张，或经开发商催告后在合理期限内主张。

### 澳门特区律师

如果在交付后五年内或在约定的担保期内,单位才出现渗水漏水,且证明相关情况系基于单位建造的问题而引起,则买家拥有以下权利:

(1)瑕疵除去权:要求开发商进行修补以除去瑕疵;如瑕疵不能除去,则有权要求开发商重造以解决相关问题。

(2)合同变更或解除权:如瑕疵导致不动产不符合原定用途,而开发商既未除去瑕疵亦未重造,则有权要求减少价金或解除合同。

(3)无论是否行使上述权利,买家同时有权请求开发商按照一般法律规定支付损害赔偿。

买家必须在发现上述瑕疵后一年内告知开发商,该三项权利须在告知后的一年内行使;否则,权利即告失效。

# 第二篇

# 公司法专题

# 2

# 033 内地和澳门特区的公司类型有哪些？不同类型的公司，对股东有何限制或要求？

## 珠海律师

内地公司的类型如下：

（1）有限责任公司：股东人数为50个以下。对股东国籍无限制。有限责任公司还包括：

①一人有限责任公司，是指只有一个自然人股东或者一个法人股东的有限责任公司。一个自然人只能投资设立一个一人有限责任公司，该一人有限责任公司不能投资设立新的一人有限责任公司。

②国有独资公司，是指国家单独出资、由国务院或地方人民政府授权本级人民政府国有资产监督管理机构履行出资人职责的有限责任公司。

（2）股份有限公司：发起人人数为2人以上200人以下，其中须有半数以上的发起人在中国境内有住所。对股东国籍无限制。

## 澳门特区律师

澳门特区可依法设立四类公司：无限公司、两合公司（一般两合公司和股份两合公司）、有限公司及股份有限公司。

## 034 内地(澳门特区)自然人或公司在澳门特区(内地)设立公司需要具备什么条件,提供什么数据?

**珠海律师**

(1)澳门特区自然人或公司在内地设立公司需具备的条件如下:

①有符合规定的名称;

②有合同、章程;

③有固定经营场所、必要的设施和从业人员;

④有符合国家规定的注册资本;

⑤有符合国家法律、法规和政策规定的经营范围;

⑥有健全的财会制度。

(2)澳门特区自然人或公司在内地设立公司需提供的数据如下:

①主体资格文件:澳门特区自然人设立公司需提供永久性居民身份证、特别行政区护照和港澳居民往来内地通行证等身份证明,澳门特区企业设立公司需提供澳门特区公证机构的公证文件;

②设立登记申请书;

③公司章程;

④法定代表人、董事、监事和经理的任职文件；
⑤住所使用证明；
⑥公司法定代表人任职文件和身份证明；
⑦全体股东指定代表或者共同委托代理人的证明；
⑧企业名称预先核准通知书；
⑨法律文件送达授权委托书。

## 澳门特区律师

内地自然人在澳门特区设立公司，除受监管的特定行业外（如保安、金融等），对一般行业没有任何限制。

内地公司在澳门特区设立公司，需要内地公司通过董事或股东会决议或委托书，指派代表人来澳门特区办理设立的事宜，以及内地公证员出具的公证书（连同公司董事会或股东会会议记录或委托书），须载明签署人有权通过该会议记录或委托书设立公司，并且签署人签名为真实。

关于设立的公司，需要先向澳门特区商业及动产登记局申请使用相关公司名称；在获得批准后，签署设立公司的文件。需要的资料包括：资本额（不少于25,000.00澳门元），公司住址，所营业务，行政管理机关组成及成员委任（某些受监管的行业必须由澳门居民作为公司行政管理机关成员或董事），签名方式，股东身份证明文件、婚姻状况、婚姻财产制度、住址，以及行政管理机关成员（董事）之身份证明文件。

## 035 在内地（澳门特区）设立公司一般时长多久？

### 珠海律师

在符合设立条件情况下，市场监督部门自受理申请之日起 30 日内，作出核准登记或者不予核准登记的决定。

根据 2022 年 3 月 1 日即将生效的《市场主体登记管理条例》第 19 条的规定：登记机关应当对申请材料进行形式审查。对申请材料齐全、符合法定形式的予以确认并当场登记。不能当场登记的，应当在 3 个工作日内予以登记；情形复杂的，经登记机关负责人批准，可以再延长 3 个工作日。因此，2022 年 3 月 1 日后所有市场主体登记时间将缩短为最长 6 天。

### 澳门特区律师

在澳门特区，设立公司需事先向商业及动产登记局申请商业名称之可予登记证明，有关证明在提出申请后 10 日内发出。在向登记局提交所有设立文件及上述证明后，有关登记将于 15 日内完成。

## 036 内地(澳门特区)自然人或公司在澳门特区(内地)设立公司有无限制?

### 珠海律师

澳门特区自然人或公司在内地:(1)设立非投资性公司,法律对公司注册资本没有最低资本限制。除列入外商投资负面清单的禁止外商投资类行业外,澳门特区自然人或法人均可投资。负面清单中限制投资的行业,法律对外商投资比例有一定限制。

(2)设立投资性公司:①外商独资设立投资性公司,需资信良好,拥有举办投资性公司所必需的经济实力。②合资设立投资性公司,内地投资者应资信良好,拥有举办投资性公司所必需的经济实力;澳门特区投资者应为公司、企业或经济组织,需资信良好。

外商投资的安全审查。外商投资关系国防安全的领域,在军事设施和军工设施周边地域投资,或者投资关系国家安全的重要农产品、重要能源和资源、重大装备制造、重要基础设施、重要运输服务、重要文化产品与服务、重要信息技术和互联网产品与服务、重要金融服务、关键技术以及其他重要领域,并取得所投资企业实际控制权的,应当在实施投资前主动向国家发展改革委申报。

## 澳门特区律师

一般有限公司的最低资本额为25,000.00澳门元,股份有限公司的最低资本额为1,000,000.00澳门元,但如果内地自然人或公司在澳门特区设立的公司拟经营某些特定受监管行业,澳门特区法律对此则规定了资本额的最低限制,例如金融业、博彩业等。

对于内地自然人或公司在澳门特区设立的公司所经营的行业,一般而言,法律并没有特别限制。但从事某些受监管行业(如从事保安范畴、金融、博彩等),则需取得澳门特区行政机关预先许可后,方可成立公司。

## 037 内地（澳门特区）自然人或公司在澳门特区（内地）设立的公司是否会被视为涉外公司？若是，设立时相较本地公司有什么特别要求？

### 珠海律师

澳门特区自然人或公司在内地设立的公司属于外商投资企业（台港澳投资），外商在内地投资需受一定限制，具体可参照本篇问题36。

### 澳门特区律师

澳门特区没有区分涉外公司和非涉外公司，即使内地自然人或公司在澳门特区设立公司，与本地居民或本地公司设立无异，并没有其他特别要求。

038

## 自然人或公司在开设公司时其股东或行政管理架构是否须经审查？若公司股东为澳门特区自然人、内地自然人、澳门特区公司、内地公司，那么四种股东搭配投资或单独投资以开设公司有区别吗？

### 珠海律师

在内地开设公司，股东无须受审查，但法律对公司董事、监事、高级管理人员有所要求，有以下情形者不得担任公司董事、监事、高级管理人员：

（1）无民事行为能力或者限制民事行为能力。

（2）因贪污、贿赂、侵占财产、挪用财产或者破坏社会主义市场经济秩序，被判处刑罚，执行期满未逾五年；或者因犯罪被剥夺政治权利，执行期满未逾五年。

（3）担任破产清算的公司、企业的董事或者厂长、经理，对该公司、企业的破产负有个人责任的，自该公司、企业破产清算完结之日起未逾三年。

（4）担任因违法被吊销营业执照、责令关闭的公司、企业的法定代表人，并负有个人责任的，自该公司、企业被吊销营业执照之日起未逾三年。

(5)个人所负数额较大的债务到期未清偿。

澳门特区自然人、公司在内地开设公司，视为外商投资，需按照外商投资相关法律法规管理。

## 澳门特区律师

内地自然人在澳门特区开设公司的程序按一般程序作出，无须经特定审查；内地公司在澳门特区开设公司，不论其股东是否包括澳门特区自然人、内地自然人、澳门特区公司或内地公司，均无须经特定审查，若为公司，则须注意公司的代表人必须经公司决议或通过委托而指定，且该人员具有足够的权力，可以代表公司在澳门特区开设公司。

## 039 自然人设立公司可否以非现金方式出资?

### 珠海律师

股东出资方式有货币、实物、知识产权、土地使用权及其他可以用货币估价并可以依法转让的非货币财产。

非货币财产出资要求:应当评估作价,核实财产,不得高估或者低估作价。

### 澳门特区律师

允许自然人股东使用非现金出资,但拟出资的有价物须经过评估,核实财产价值。

## 040 公司成立时，股东没有实缴出资，只认缴。若有关股东在认缴期限届满前没有缴付，那么公司或其他股东是否对未缴付的资本负有连带责任？

### 珠海律师

认缴期限届满后，未足额出资的股东不仅应当缴足，而且应当向已按期足额缴纳出资的股东承担违约责任，公司或其他股东不对此承担连带责任。

公司债权人可以要求未足额出资的股东在未出资的范围内对公司的债务承担连带责任。

股份有限公司发起人未按照公司章程规定缴足出资，应当补缴，其他发起人承担连带责任。

### 澳门特区律师

如果股东不按期缴付股款，其他股东需根据其在公司股额的比例，就该股东不按期缴付的股款部分对公司负连带责任。

## 041 有什么方式可以解散公司？

### 珠海律师

(1)解散公司的理由：

①章程规定的营业期限届满；

②章程规定的解散事由出现；

③股东会或者股东大会决议解散；

④因公司合并或者分立需要解散；

⑤被吊销营业执照、责令关闭或者被撤销；

⑥人民法院依法予以解散。

(2)解散公司的方式：

①任意解散。召开股东会，作出解散公司的股东会决议。

②强制解散。

### 澳门特区律师

除章程所规定的特别情况外，公司亦会因下列原因解散：

(1)股东大会决议；

(2)章程所规定的公司存续期已经届满；

(3)业务中止已过3年；

(4)连续超过12个月不经营业务；

(5)公司所经营的事业已经消灭；

(6)公司的成立目的或经营的事业变为不合法或不可能，但在45日内对公司目的或其经营事业作出相应修改决议的除外；

(7)营业年度账目证实公司资产净值低于公司资本额50%，但属因亏损而作减资的除外；

(8)破产；

(9)法院判决予以解散。

## 042 商事主体按组织形式以及承担责任能力不同，可以分为哪些类型？

### 珠海律师

根据《民法典》和《公司法》，商事主体一般认为是依照法律规定参与商事法律关系，能够以自己名义从事商事行为，享受权利和承担义务的人。根据组织结构形式、特征及责任承担能力不同，商事主体可分为个体工商户、有限责任公司、股份有限公司、合伙企业。从所有制性质上可划分为国有企业、集体企业、合营企业、私营（民营）企业、外商投资企业等。

### 澳门特区律师

澳门特区的公司分为股份有限公司、有限责任公司、无限责任公司和两合公司四类。

有限公司是由一定人数出资所组成的公司。这些出资人被称为股东。股东只需以出资金额为公司债务承担责任。

无限公司的股东需对公司负无限补充及连带责任。

两合公司是由无限责任股东和有限责任股东共同出资设立的公司。无限责任股东与无限公司股东的责任相同,对公司的债务负无限连带责任;有限责任股东则以其出资额为限承担责任。

股份有限公司全部资本划分为金额相等的股份,股东以其所认购的股份承担财产责任。

## 043 内地(澳门特区)自然人可否担任澳门特区(内地)公司法定代表人?

### 珠海律师

可以,登记时只需提交公司的任职证明和身份证明即可。

### 澳门特区律师

由于澳门特区相关规定只要求行政管理机关成员需为法人或具有完全权利能力之自然人。所以澳门特区以外地区的自然人或法人均都可担任澳门特区公司的法定代表人。

## 044 公司股东和法定代表人对公司须分别承担什么责任？

### 珠海律师

公司股东应承担按照公司章程规定缴纳出资的义务。不按规定缴纳出资、虚假出资、抽逃出资的，应当承担相应民事责任，涉嫌犯罪的还可能承担刑事责任。

法定代表人承担的责任大致有：(1)因过错经营可能向法人承担民事赔偿责任；(2)因单独或者共同侵害法人财产可能承担民事法律责任，涉嫌犯罪的可能承担刑事责任；(3)因公司经营违规违法可能承担行政或刑事责任。

### 澳门特区律师

股东除需要向公司按股权比例提供资本及承担亏损外，还需定期召开股东会议，以检视公司章程、公司资金运用，通过公司年度账目和法定代表机关报告书，选任或增补公司机关代表。

公司法定代表人除按规定管理及代表公司外,应以公司利益为前提善意地管理公司,定期向公司股东会汇报公司状况,需要对因违反法律或章程规定而对公司造成的损害承担责任。

## 045 内地（澳门特区）公司或外国公司可否成为澳门特区（内地）公司的全资母公司？

**珠海律师**

可以。

**澳门特区律师**

任何具有法律人格的公司，无论其注册地在何，均可成为澳门特区公司的股东。

## 046 股东转让股权须支付哪些税项，税率是多少？

### 珠海律师

溢价股权转让时转让方须缴纳所得税，所得税额 =（股权转让收入 - 投资成本 - 转让费用）× 所得税税率。此外，还须缴纳印花税。对于特殊企业的股权转让，甚至还须缴纳土地增值税等。股东转让股权支付的税项，需具体情况具体分析。

### 澳门特区律师

在澳门特区，公司股东转让股权无须交税，但要缴纳商业登记手续费 50 澳门元。

如果被转让股权的公司持有不动产，而且取得股权的股东在取得股权后拥有该公司的资本超过 80%，则根据不同情况，该股东可能会缴纳不动产移转印花税、移转不动产的特别印花税及取得非首个居住用途不动产的印花税。

## 047 公司的控权股东对公司有什么特别的责任?

### 珠海律师

目前法律没有就控股股东规定与普通股东不同的特别责任,基本是以股东责任的形式表述,如行使股东权利损害公司利益或其他股东权利或利益的行为应承担民事责任。控股股东的特别责任可体现或规定在章程中。

### 澳门特区律师

在澳门特区,控权股东若行使控制权损害公司或其他股东的利益,须对公司或其他股东所造成的损害负责。除民事责任外,还须负刑事责任,且最高可处以 120 日罚金。

## 048 变更公司内部架构、修改章程时，有哪些手续或程序需要遵行？

### 珠海律师

变更公司内部架构、修改章程的法定一般程序是，需要按章程规定的程序召开股东会或股东大会；按章程规定的议事规则进行表决；经过股东会或股东大会表决决议，有限责任公司须经 2/3 以上表决权的股东通过；股份有限公司须经应出席股东大会的股东所持表决权的 2/3 以上通过。

公司章程有特别规定的，遵循该章程特别规定。

### 澳门特区律师

变动公司内部架构成员（如涉及行政管理机关成员之委任或解任）时，须经过公司股东会进行议决，除需议决架构成员的变动外，如涉及行政管理机关成员或监事会成员的变动，还需议决修改章程的部分条款（因章程载有公司的行政管理机关及监事会之组成）。在议决通过后，公司还须就该变动向商业登记局申请登记。

## 049 企业与公司在法律概念上有什么区别？

### 珠海律师

企业包含公司。公司，是指依照公司法在中国境内设立的有限责任公司和股份有限公司。企业尚无法定概念。企业可以分为独资企业、合伙企业（前两者为非企业法人）和公司（企业法人）三种形式。企业，是指以营利为目的，一切从事生产、流通或者服务活动的经济组织；而公司是企业法人，有自己的独立财产，并能够独立享有民事权利和承担民事义务。

### 澳门特区律师

“企业”与“公司”在法律上属两个不同的概念。商业企业与公司的区别主要体现在是否具有独立法律人格。二者在类型以及出资持有人对于商业企业与公司负责的方式方面也有所不同。

商业企业，是指以持续营利交易为生产目的而从事经济活动之生产要素的组织。商业企业不具有独立的法律人格，而是作为商业企业主财产的一部分。因经营企业而产生的法律责任（包括民事及刑事)亦由商业企业主承担。

公司,是按澳门特区公司法律制度设立登记的并且以经营商业企业为目的的法人商业企业。因此,公司具有与其股东的法律人格相分离的、独立的法律人格,能独立承担民事责任,在特别情况下还需承担刑事责任。例如,在最常见的有限公司中,公司对其债务以公司之全部资产为限,股东则仅以其在公司认缴之出资额为责任限度。

## 050 公司住所有无限制？

### 珠海律师

法律对公司住所地的一般要求是，公司自有物业或租赁期至少一年及以上，且为商铺、商用、办公室等性质。无其他特别限制。公司住所与公司章程，是公司注册登记的必要事项之一。公司住所应当在其公司登记机关辖区内。

### 澳门特区律师

在澳门特区成立的公司，其住所应设于确定地点，可选择商业写字楼、工业楼宇、商铺等作为公司注册地址，而邮箱不得作为公司注册地址。公司行政管理机关可以将住所在澳门特区内自由迁移。

事实上，公司为经营业务而选定的场所受限于该行业的性质。例如，登记作教育机构的场所，不得同时作其他商业、广告用途，也不得设立于作住宅、工业用途、货仓及停车场用途的单位中。而实践中，澳门特区许多公司均选址在有居住用途的单位。这种做法虽然在公司商业登记上可行，但在开立银行账户方面则会遇到障碍。

## 051 是否可设立一人有限公司？

### 珠海律师

可以。但一个自然人只能投资设立一个一人有限责任公司，且该一人有限责任公司不能投资设立新的一人有限责任公司。

### 澳门特区律师

任何自然人或法人可设立以独一股构成公司资本的、于公司设立时仅以该自然人或法人为公司资本的唯一权利人的有限公司。

## 052 内地(澳门特区)公司或外国公司是澳门特区(内地)公司的全资股东,法律对公司的税务责任有什么特别规定?

### 珠海律师

澳门特区或外国公司作为内地公司的全资股东时,公司的税务责任均按相关法律法规办理,不会使其承担额外的税务责任。

### 澳门特区律师

所有在澳门特区设立的公司均须按每年的收益状况缴纳法定的所得补充税。所得补充税是以自然人或法人(如有限公司),无论其居所或住所在何处,在本地区所取得的总收益为课征对象。因此,在一般情况下,内地或外国公司作为澳门特区公司的股东并不会使澳门特区的公司承担额外的税务责任。

## 053

# 内地(澳门特区)公司或外国公司独资设立澳门特区(内地)公司,在出资方面有什么特别要求?是否需要相关部门评估?如有需要,评估的部门及标准是什么?

### 珠海律师

澳门特区公司或外国公司在内地设立全资公司的出资要求如下:

(1)除特定行业注册资本最低限额有规定外,法律对其他公司已经取消最低注册资本限制。

(2)公司注册资本和投资总额的比例需符合《关于中外合资经营企业注册资本与投资总额比例的暂行规定》及其他现行有效规定。

(3)除《商务部关于改进外资审核管理工作的通知》所列《暂不实行注册资本认缴登记制的行业》外,不再审核公司注册资本的缴付情况。

(4)设立公司时的出资方式、期限、比例无限制性规定,由股东在章程中自主确定。

股东可以货币出资,也可以实物、知识产权、土地使用权等可以用货币估价并可以依法转让的非货币财产作价出资。建议以非货币财产出资的出资人以评估价作价出资。

资产评估机构评估非货币财产价值依据国务院 91 号令《国有资产评估管理办法》、财政部《资产评估基本准则》《资产评估准则——无形资产》、国务院国有资产监督管理委员会《国有资产评估管理办法施行细则》(国资办发〔1992〕36 号)等规范进行。

## 澳门特区律师

在澳门特区独资设立只有单一股的公司,仅限于设立一人有限公司,而不论是内地公司或外国公司作为一人有限公司的股东。在出资方面与澳门特区公司作为股东的要求相同,其出资的票面价值需要符合有限公司之最低资本额 25,000 澳门元,以及不得以另一家一人有限公司作为股东。

除此之外,澳门特区有限公司出资可以现金及非现金出资。在现金出资方面并没有特殊要求,也不需要任何部门对出资进行评估;而非现金出资缴付,需向公司移转至少相等于出资票面价值的可查封的资产,非现金出资财产需在订立设立行为前 60 日内由核数师或核数师合伙加以识别、描述及估价后编写并附于设立文件的报告书内,并在报告书内载明估价所采用的标准。

# 054 在内地(澳门特区)开设公司后,但没有实际经营有哪些后果?

**珠海律师**

公司成立后无正当理由超过 6 个月未开业的,或者开业后自行停业连续 6 个月以上的,可以由公司登记机关吊销营业执照。

**澳门特区律师**

倘若公司连续逾 12 个月不经营,公司股东则应该作出中止业务的决议;如不作出此决议,那么公司债权人或检察院可向法院申请解散公司。

## 055 使公司受约束的民事行为须具备什么条件？

### 珠海律师

公司受约束的民事行为如下：

（1）采取合同书形式订立合同时，公司加盖公章的行为视为公司的意思表示，对公司具有约束力。

（2）公司法定代表人代表公司行使职权，其对外以公司名义从事的民事活动应由公司承担责任，而盖公章与否并非合同有效的必备条件。

公司的法定代表人或者非法人组织的负责人超越权限订立合同，除相对人知道或者应当知道其超越权限外，该代表行为有效，订立的合同对公司或者非法人组织发生效力。

### 澳门特区律师

根据澳门特区法律规定，公司行政管理机关有权按照有关规定，管理及代表公司。也就是说，公司需要对行政管理机关按照法律和公司章程已作出的行为承担责任。澳门特区对于行政管理机关行使代表权的方式比较多样，可以单一制或复合制的方式作出决定，对公司产生效力。

## 056 对公司印章的制作有什么要求，效力如何界定？

### 珠海律师

公司刻制印章，应到当地公安机关办理准刻手续后由指定的刻章单位刻制。如因单位撤销、名称改变或换用新印章而停止使用时，应及时送交印章制发机关封存或销毁。公司必须建立健全印章管理制度，加强用印管理，严格审批手续。未经本单位领导批准，不得擅自使用单位印章。一切私刻公章的行为均属违法行为，所刻制公章从行政管理角度被认为没有法律效力。但是，在民商事活动中，私刻的公司印章是否对公司有约束力，要看相对方是否善意，是否足以信任印章的加盖行为代表所指向的公司等情形，不能一概而论。

### 澳门特区律师

澳门特区相关规定对公司印章的制作并没有法定要求。印章亦非法律规定使公司出具的文件产生法律效力的必要要件。

根据澳门特区法律规定，公司出具的文件、合约及协议（以下简称该等文件)经公司合法代理人或授权人以公司之名义作出签署后,该等文件已具有法律效力并约束公司。然而,在诉讼层面上而言,且按照过往的司法实践经验,公司印章有可能被视为他方当事人所相信的公司表见行为。为此,公司印章是否完全约束公司,仍须视具体案件情节而定。

## 057 电子签署方式是否有效？如何设定？

### 珠海律师

电子签署方式有效，但不适用于下列文书：（1）涉及婚姻、收养、继承等人身关系的；（2）涉及停止供水、供热、供气等公用事业服务的；（3）法律、行政法规规定的不适用电子文书的其他情形。

电子签名同时符合下列条件的，视为可靠的电子签名：（1）电子签名制作数据用于电子签名时，属于电子签名人专有；（2）签署时电子签名制作数据仅由电子签名人控制；（3）签署后对电子签名的任何改动能够被发现；（4）签署后对数据电文内容和形式的任何改动能够被发现。

当事人也可以选择使用符合其约定的可靠条件的电子签名。

### 澳门特区律师

可向澳门特区有关部门申请电子签名及获批提供有关电子签名认证的配套设备。具有法律效力的电子签名分为以下三类：

（1）电子签名：用于电子文件，如安全电邮证书，以认证有关电邮是由电子签名签发人的电邮地址所发出。

(2)高级电子签名:该签名是通过仅由持有人本人可控制的资料所产生并与所签署的电子文件相结合,经签署后,对该文件所作的任何随后改动均可被察觉。

(3)合格电子签名:该签名是建立于合格证书的一种高级电子签名形式,而合格证书必须由认可的以严谨身份的认证实体确认程序后签发,等同于手写签署。合格电子签名必须通过用于产生签名的安全设备、按照国际认可的标准而创造,有效防止签名被冒用。

## 058 倘若公司拟开展新业务，是否必须进行工商变更登记？如果不进行变更登记，有哪些后果？

### 珠海律师

若公司拟开展新业务，则应当修订章程并办理工商变更登记。经营主体若超出登记机关核准的经营范围从事经营活动，则属于超范围经营。超范围经营是违法经营，公司可能将承担行政处罚甚至刑事责任，而民事合同亦可能无效。需视具体案情而定。

### 澳门特区律师

如果公司希望从事新业务，需要在开始从事新业务之日起 15 日内，向澳门特区财政局递交 M/1A 格式的申报书；如果没有在期限内提交该申报书，则澳门特区财政局可以对公司科处 200 ~ 100,000 澳门元的罚款。

## 059 对公司盈余分配有无限制？如果有，是什么？

### 珠海律师

股东盈余分配给付请求权的行使，需具备一定的条件。公司必须存在盈余，即可分配利润。也就是说，按照《公司法》的要求缴纳税款、弥补亏损及提取法定公积金之后的所余税后利润；否则，“以盈余分配为名行抽逃注册资本之实”作出的盈余分配决议应属无效。

### 澳门特区律师

不同类型的公司须各自按照法定要求，满足公积金和递延的亏损后，才可以分派有关营业年度盈余。

有限公司应先扣除不少于25%的营业年度盈余，作为法定公积金（直至该公积金达到公司资本额的1/2后），并按章程规定在有关营业年度可分配盈余的25%～75%分配予股东。

股份有限公司应提取不低于10%的营业年度盈余的部分金额，

以作法定公积金(直至该公积金达到公司资本额1/4),而且也可通过章程设定将不超过25%的有关可分配营业年度盈余分配予各股东。

## 060 盈余分配由何机关决定？如何决定？

### 珠海律师

盈余分配须由董事会提出方案，股东会（或股东大会）决议通过。

### 澳门特区律师

分配盈余的决定由股东会议决，且由行政管理机关按法定要求作出盈余运用建议书向股东会提出建议，而监事会须在平常股东会30日前审阅及编写报告书及意见书。

## 061 对内地（澳门特区）公司经银行向澳门特区（内地）公司汇款，有没有限制？有哪些注意事项？

**珠海律师**

澳门特区公司经银行向内地公司汇款：

（1）如为境内直接投资，则应按照国家外汇管理局《外国投资者境内直接投资外汇管理规定》办理登记、开户及结售汇手续。

（2）如为合格境外机构投资者（Qualified Foreign Institutional Investor，QFII）和人民币合格境外机构投资者（RMB Qualified Foreign Institutional Investor，RQFII）境内证券投资，则根据中国人民银行、国家外汇管理局发布《境外机构投资者境内证券期货投资资金管理规定》（〔2020〕第 2 号）取消额度管理要求，对合格境外投资者跨境资金汇入和兑换实行登记管理，进一步便利境外投资者参与国内金融市场。

## 澳门特区律师

根据现行法律规定，澳门特区并没有资金流入的限制。因此，若内地公司经国内银行向澳门特区公司汇款，则没有收款限制；若内地公司经澳门特区银行向澳门特区公司汇款，则根据不同银行可产生相应的汇款手续费用。

# 062 召开公司股东大会或董事会，可否以视像会议方式进行？

### 珠海律师

只要公司章程未加限制就可以，但应根据《公司法》及公司章程的规定履行相关会前通知程序。新设公司如果在章程中明确规定，可以通过视像方式进行股东(大)会或董事会，则制度更加完善。

### 澳门特区律师

当公司章程允许以远距离信息传送方式举行公司股东大会或董事会并作出规范，且公司能确保会上所作意思表示的真实性及通信的安全性则可以，当中也包括视像方式。

## 063 内地(澳门特区)是否承认在澳门特区(内地)注册商标的效力?

### 珠海律师

内地不承认澳门特区注册商标的效力。澳门特区商标若要在内地受法律保护,应当在内地重新注册。商标权利具有地域性。

### 澳门特区律师

基于现行粤港澳三地的商标注册制度均是独立的体制,内地的注册商标只能够在内地受到保障,不会自动在香港特区或澳门特区受到保护,因此,在内地注册的商标,如欲在澳门特区得到保护,还必须根据澳门特区规定重新申请。

# 第三篇

# 民法专题

# 3

## 064 未成年人可以接受赠与吗？

### 珠海律师

未成年人，是指不满 18 周岁的人。其中，不满 8 周岁的人是无民事行为能力人，8 周岁以上的未成年人是限制民事行为能力人。

无民事行为能力人的任何民事行为（包括接受赠与）都应由法定代理人（一般是家长）代为实施。

限制民事行为能力人则可独立实施纯获利益的民事法律行为或与其年龄、智力相适应的民事法律行为。超过此界限则须由其法定代理人代理或经其法定代理人同意、追认。

### 澳门特区律师

未满 18 周岁为未成年人，法律上称为无行为能力人。未成年人依法应由法定代理人（一般为父母）代理。

如有人有意向未成年子女作出赠与，且父母依法可接受该赠与，则父母应代为接受。然而，若基于受赠的性质或其他父母必须经法院许可后方可接受的行为，父母应在 30 日内向法院申请给予许可。若父母不作表示或未向法院申请许可，则子女或其他利害关系之人可向法院申请。

## 065 父母以未成年人的名义购房之后，在未成年人成年之前，是否可以出售？

### 珠海律师

如果房屋已登记在未成年人名下，则属于该未成年人的财产。父母作为监护人，只有在为未成年人的利益时才有权处分该房产。

若父母没有按照上述要求而出售房产，则该出售行为无效。而购买该房的相对人若明知此情况，则还应与监护人按照过错程度承担相应责任。

### 澳门特区律师

父母作为法定代理人以未成年子女的名义购入的不动产，父母日后如有意出售，依法须向法院申请取得许可，方可出售该不动产。申请人需向法官陈明有关出售是否为该未成年人的利益而作出。如法官认为符合未成年人的利益，将作出许可。

## 066 失踪人之配偶是否可以再婚?

### 珠海律师

失踪人之配偶不能直接再婚,而需要在失踪人被法院宣告死亡或者通过起诉由法院判决离婚后,才可以再婚。

### 澳门特区律师

失踪人之配偶仅在符合一定条件下方可再婚。

法院作出推定死亡的宣告将产生与真正死亡相同的效果,但不会解除婚姻关系,也不消灭其他亲属关系。然而,失踪人的配偶可再婚;如失踪人返回或证实失踪人在其配偶再婚时仍生存,则先前的婚姻将被视为于作出推定死亡宣告之日以离婚方式解除。

# 067 在对方胁迫下签订的合同可否撤销?

## 珠海律师

在被胁迫下签订的合同,受胁迫方有权请求法院或仲裁机构予以撤销。

受胁迫方若要取得法院或仲裁机构的支持,须举证证明:(1)其受到了对方或第三人的胁迫并发生了恐惧心理;(2)其是在该恐惧心理下作出的意思表示(签订合同)。

受胁迫方须在胁迫行为终止之日起一年内行使撤销权,过期则撤销权消灭。

## 澳门特区律师

一人对当事人或第三人的人身、名誉或财产作出精神威胁,如当事人基于恐惧该威胁的结果发生而签订合同,则具有正当性的当事人可以在一年内向法院提起撤销之诉,以撤销该合同。然而,当事人必须举证证明对方对其本人或第三人作出上述精神胁迫,且该胁迫的后果必须是严重的,当事人基于恐惧该结果发生而订立有关合同。

## 068 未成年人对其作出的损害行为是否需要承担责任？

### 珠海律师

未成年人造成他人损害的，由其监护人承担侵权责任。已尽到监护职责的监护人，其侵权责任可减轻。

若该未成年人有财产，则从其本人财产中支付赔偿费用，不足部分由监护人赔偿。

### 澳门特区律师

未满七周岁的人及因精神失常而成为禁治产的人，被推定为不可归责者。如侵害行为由不可归责者作出，且损害不可能从负责管束不可归责者的人处获得适当弥补，即可按衡平原则判不可归责者弥补全部或部分的损害。

基于法律或法律行为而对自然无能力人负有管束义务的人，须就该自然无能力人对第三人所造成的损害负责；但证明其已履行管束义务，或证明即使已履行管束义务而损害仍会发生者除外。

## 069 业主所购的房屋产权有期限吗？如有，多长时间？

### 珠海律师

房屋所有权是永久的，法律并无期限限制。

房屋所占用的土地，因系公有，业主只能取得使用权。该使用权有期限。

一般而言，业主购买的城市里的房屋，其占用的土地均为建设用地。法律对建设用地使用权规定了最高期限，事实上也就是标准期限。

其中，住宅用地使用权期限为 70 年；商业、旅游、娱乐用地的使用权期限为 40 年；工业和教育文化等事业用地、综合和其他用地的使用权期限为 50 年。

住宅用地使用权到期后自动续期。

### 澳门特区律师

一般可作居住及商业用途的土地主要有以下三类：长期租借地、

私有产权地及租赁批给土地。长期租借地以及私有产权地没有期限。租赁批给土地须先作临时批给，如发展商依法完成利用，且土地经确定划界，则批给转为确定。租赁批给的期限一般为25年，临时批给的土地不可续期。已转为确定的有偿租赁批给土地每10年可自动续期一次（直至2049年）且无须申请。

# 070 如何了解不动产的法律状况？购买房产的法定手续是什么？

## 珠海律师

本人或利害关系人可以在不动产登记中心查询到产权人、不动产位置、登记面积、土地使用权和抵押、查封等情况。

一个完整的房屋买卖包含三个法律步骤：订立合同、支付价款、登记过户。

若购房人需银行资金支持，则在第二个步骤中还须办理房屋按揭，即与银行订立房屋抵押借（贷）款合同。

登记过户手续在不动产登记中心进行。完成后，购房人即取得房屋所有权，同时将得到不动产权证书以兹证明。公证不是必需的手续（除非涉及第三人利益）。

## 澳门特区律师

澳门特区物业登记局负责物业登记工作，登记的目的在于公示不动产的法律状况，以保障不动产交易安全。任何人士均可向澳门特区物业登记局申请“查屋纸”(没有法律约束力且仅具信息用途)或物业登记证明书(具有法律效力)。

在澳门特区购买不动产,买卖双方一般先在地产中介人及/或律师事务所订立预约买卖合同,购买人应于签署首份预约买卖合同30日内向澳门特区财政局申报及缴交物业移转印花税及其他依法应支付的税项(如额外印花税、特别印花税及取得印花税)。随后,双方在约定期间内在公共或私人公证员面前订立买卖公证书,提交登记后方对第三人产生效力。

# 071 房产的业主(出租人)可以单方面终止租赁合同吗?

## 珠海律师

租赁合同一般都订有租期,在租期未届满,且亦无约定的单方解除条件或法定情形(如对方严重违约)时,业主单方解除合同就构成违约。由于依法成立的合同受法律保护,故违约行为当然也是违法的。

在不定期租赁(双方并未商定租期的临时租约),业主可随时通知租客解除合同,但也要在合理期限之前通知对方。定期合同在租期届满后,租客继续使用房屋,业主亦未提出异议的,原租赁合同转为不定期租赁。

## 澳门特区律师

在租赁期内,出租人不可单方终止合同,然而,对于居住用途房产的承租人则可无须任何理由提前 90 日书面通知出租人在租约期限届满前终止合同。在这情况下,出租人有权获得相当于一个月的租金作为补偿，另有协定不同金额的除外（但不得超过 2 个月的租金）。

如出租人有意在租赁期（但租赁期不得少于 3 年）满前不再续约，必须按约定或法律规定的时间及方式提出单方终止（不续约书面通知）；否则，合同便会自动续期。

# 072 分层建筑物所有人的权利与义务是什么？

## 珠海律师

分层建筑物所有人的权利包括：对自己房屋的专有权，对电梯、楼梯、楼宇公共部分及小区（如有）公共部分的共有权，以及对楼宇和/或小区公共事务的共同管理权。

分层建筑物所有人的义务主要包括：依照法律和管理规定，以合法文明的方式行使权利，如不破坏邻居的安宁、不毁坏或威胁到邻居的财产或人身安全、不污染环境等；服从业主大会或业主委员会的决议；服从和配合物业服务企业依法实施的管理措施等。

## 澳门特区律师

按分层所有权制度兴建的建筑物，每一分层建筑物所有人是其所拥有单位的唯一所有人，是分层建筑物共同部分的共有人。分层建筑物所有人既享有权利也应承担义务。其有权参与分层建筑物所有人大会会议及投票，享有法律赋予的其他权利；其应遵守分层建筑物的规章、分层建筑物各机关在其职权范围内所作的决定、缴付分层建筑物的负担以及法律规定的其他义务。

## 073 哪些财产可以抵押？

### 珠海律师

抵押物通常是不动产。由于不动产的物权变动以登记为准，故该抵押权必须登记才生效。

动产也能设立抵押权。由于动产的物权变动以转移占有为准，而抵押权又不需要转移占有，故动产抵押随着抵押合同的生效而生效，只是不能对抗第三人（可能被别人合法地买走）。要想对抗第三人，须作登记。

下列财产可以抵押：

（1）建筑物和其他土地附着物；

（2）建设用地使用权；

（3）海域使用权；

（4）生产设备、原材料、半成品、产品；

（5）正在建造的建筑物、船舶、航空器；

（6）交通运输工具；

（7）法律、行政法规未禁止抵押的其他财产。

## 澳门特区律师

在澳门特区只有不动产可作为抵押目标。原则上，动产只能作为质权的标的；除非被法律视为不动产之动产，才可作为抵押标的。抵押人（可为借款人或借款人以外的第三人）将不动产抵押给抵押权人（贷款人）以作为贷款人向借款人所提供的贷款担保。农用及都市房地产、地上权、因批给澳门特区财产而产生的权利（但此抵押须按照特别法所规定的情况或遵守有关移转特许权利的法律规定而设定）以及以上各项所指物及权利之用益权可作为抵押的目标。

此外，分层所有权制度下的独立单位也可分别设定抵押权。

共有物或以按份共有的方式所持有的份额也可作为抵押的目标。然而，对夫妻共有财产中的一半份额及对未分割遗产的份额，则不可设定抵押权。

## 074 甲乙两兄弟共同拥有一套房产，其中一方可以出售其份额吗？

### 珠海律师

兄弟共同拥有一套房产，属于共有。共有分为按份共有和共同共有两类。前者如兄弟俩共同出资购买房屋；后者如兄弟俩共同继承房屋。

若系按份共有，一方可出售其份额，但另一方在同等条件下享有优先购买权。

若系共同共有，只有在共有的基础丧失（如夫妻离婚、合伙解散）或者有重大理由需要分割时才可请求分割财产，之后才可出售。

### 澳门特区律师

兄弟两人同时拥有一套房产，各自按其占有的份额拥有该不动产；否则，推定所占的份额相同。全体共有人须共同行使属于单独所有人之全部权利；各共有人得按其份额比例及按法律规定，分享共有物之利益及承担有关义务。

任何共有人向第三人出卖其份额时，其他共同权利人享有优先权，且优先于其他法定优先权人。此时，如一人拟出售其份额，应将出售计划及有关合同条款通知另一共有人，以便其在接获通知后八日内或出售人指定的更长期间内行使其权利；否则，该权利失效。

# 075 口头订立的合同是否有效？

## 珠海律师

除非法律有特别要求，一般而言，合同可因口头订立而成立。但“成立”不等于“有效”。

“合同成立”的意思是合同存在。“合同有效”的意思是合同应受到法律的保护。存在的合同不一定都受法律保护。因此，有效与否由法律来判断，而不是由当事人来判断。法律要求一份合同的有效条件是，双方具有相应的民事行为能力、意思表示真实、不违反法律或行政法规的强制性规定、不违背公序良俗、不能恶意串通损害他人合法权益。

## 澳门特区律师

原则上，合同的条件及条款的约定需以口头或书面等方式为之，但法律另有要求以某种特定方式的除外，例如，不动产的租赁必须通过书面方式，且合同各方的签署必须经过公证；不动产的转让、赠与及设定负担的合同都必须以公证书形式作出。不遵守法定方式订立的合同无效，除非法律另有规定。

# 076 通过电邮商定的内容能否作为合同存在的依据？

## 珠海律师

通过电邮方式商定也属于法定的合同形式，被视为书面形式。故一般而言可作为合同成立的依据。

当然，若一方还要求签订确认书的，则合同自签订确认书时成立。

## 澳门特区律师

除非法律另有要求以某种特定方式订立合同及其条款，否则，只要电子文件的内容能够像书面那样显示且可完整呈现合同方的意思表示，即符合对书面形式所要求的法定要件，在这种情况下，以电邮商定的合同条件及条款应作为合同的组成部分。但需要注意，为使电邮商定的合同条件及条款产生效力，应确保送达且相对人（接收方）已知悉。

# 077

## 合同没有约定适用哪一地的法律时，应怎么处理？

### 珠海律师

一般而言，合同当事人没有约定适用哪一地的法律，则适用履行义务时最能体现该合同特征的一方当事人（通常是提供商品或服务的一方）经常居所地法律或者适用其他与该合同有最密切联系的法律。

但是法律有特别规定的，应依照该规定。

### 澳门特区律师

在合同当事人没有约定处理合同解释或纠纷时应适用哪一地的法律时，根据所须处理的合同问题，若澳门特区冲突规范指向适用另一地法律且该地法律也认为本身为规范有关情况之准据法者，则应适用该另一地法律；若该另一地之冲突法引用澳门特区法律时，澳门特区法律为适用法律。

澳门特区冲突规范就法律行为、债、物、亲属关系、事实婚姻、继承几个方面中的不同事项都分别规范了应适用的法律。

# 078 如果实际造成的损失超出约定的违约金，应怎么赔偿？

## 珠海律师

约定的违约金低于造成的损失的，当事人可请求裁判机关予以增加。损失赔偿额应相当于因违约所造成的损失，包括合同履行后可以获得的利益；但是，不得超过违约一方订立合同时预见到或者应当预见到的因违约可能造成的损失。

## 澳门特区律师

合同中，为补偿因不履行或瑕疵履行而遭受的损失所约定的违约金，原则上推定该违约金抵偿一切损失。损害远超过违约金之数额的，则仍可要求赔偿该超出部分。

## 079 合同既约定了违约金，又约定了定金，违约时是否可都赔？

### 珠海律师

不能都赔。只能选择适用违约金条款，或者适用定金条款。

须注意：违约金规则除前述之外，如约定的违约金过分高于造成的损失，则当事人可请求裁判机关予以适当减少。

定金规则是，定金的数额不得超过主合同标的额的20%，超过部分不产生定金的效力。实际交付的定金数额多于或者少于约定数额的，视为变更约定的定金数额。定金不足以弥补一方违约造成的损失的，对方可以请求赔偿超过定金数额的损失。

### 澳门特区律师

定金只适用于最终不履行的情况，如仅属迟延履行，则不适用定金，因此，本问题中所指违约金是指补偿性违约金，非为制裁迟延履行的强迫性违约金。

补偿性违约金和定金都有促使履行给付的功能以及在合同不履

行时具有赔偿功能。违约金条款通常由双方当事人约定,而定金规则是由法律规定。补偿性违约金推定该违约金抵偿一切损失;而定金因不履行而被没收或双倍支付,则无须作出其他赔偿。因此,除非损害之数额远高于定金数额;否则,不能补偿性违约金和定金全都赔。只能选择二者之一。

## 080 买来的货物交付之前的损坏风险由谁负?

### 珠海律师

有约定时从约定。无约定时,一般而言,货物交付之前由出售方来承担风险。但法律对此有特殊规定,例如:因买受人原因致使货物未按约定交付,或出卖人按约定将货物置于交付地点,而买受人违反约定没有收取的,则货物毁损、灭失的风险自违反约定时起由买受人承担。若标的物系在途运输中的货物,则风险自合同成立时起由买受人承担。

### 澳门特区律师

除非双方另有合同约定,否则出卖人有义务采取必要措施,使货物按买卖时所处的状况交付买受人。

原则上,货物在交付前的风险由出卖人承担,除非能证明不应归责于出卖人。

如货物于出卖后至交付前的期间,因毁损以致有瑕疵或失去在出卖时所具备的质量,则视为出卖人未履行买卖合同的规定。如该货物能够更换,则出卖人应予更换;如不能更换,则出卖人应当承担赔偿责任。

# 081 基于不可抗力无法供货，可以解除合同吗？

## 珠海律师

不可抗力是在履约过程中遇到在订约时不能预见、不能避免且不能克服的客观障碍。但在此情况下可与对方协商，调整合同价格或期限及其他有关条款。协商不成的，可请求裁判机关予以变更或解除，但不能单方擅自解除。另外，有约定的从其约定。

## 澳门特区律师

澳门特区《民法典》未对“不可抗力”作出明确定义，仅在公共工程的相关法例中规定，所以须视合同中是否规定及约定相应后果，以及事件对履行的妨碍程度是否足以解除或变更合同而定。如只属“暂时”及/或“部分”不能履行且履行对债权人而言仍存在利益时，则相应部分的债务仍须在事件消除时继续履行。

然而，不妨碍订立合同的一方可基于非其过错所引起的订立合同之决定所依据之情事遭受非正常变更时，如要求受害一方当事人履行该债务将严重违反善意原则，且该要求系超越因订立合同所应承受之风险范围，则该受害当事人有权解除合同或按衡平原则变更合同。

## 082 赌债可以合法追讨吗？

**珠海律师**

赌博是法律禁止的活动，对于明知其所出借的款项系他人用来从事违法活动而仍然出借的，其借贷关系不受法律保护。

**澳门特区律师**

赌博及打赌原则上属自然债务，不能通过司法途径请求履行。

只有特别法所规定属法定债务者（如按照澳门特区第5/2004号法律《娱乐场博彩或投注信贷法律制度》提供的赌博借贷），以及法定的体育竞赛赌博及打赌构成法定债务，才可通过司法途径强制执行。

## 083 分手后可以要求对方返还恋爱期间赠送的财物吗？

### 珠海律师

一般而言，赠与一旦完成，则不可撤销。

在特殊情况下，法律允许撤销赠与，如受赠人严重侵害赠与人或其近亲属的合法权益，或不履行赠与合同约定的义务。

法律规定禁止借婚姻索取财物。若“赠与”系由一方向对方索要，而财物的价值又远超个人收入水平和消费水平的，则可根据个案具体情况要求对方全部或部分返还。

### 澳门特区律师

假如受赠方已接受赠与，导致物之所有权或权利之拥有权移转，则受赠方无须返还。

若赠与因结婚而作出并符合法律所特别规定的方式，双方未在赠与后一年内结婚，或双方虽在一年内结婚但所缔结的婚姻后被撤销，则赠与失效，受赠方应予返还恋爱期间赠送的财物。

## 084 网上或微信群组公开与他人的聊天记录、电话录音违法吗?

### 珠海律师

聊天记录、电话录音可能包含个人隐私或其他个人信息,还可能涉及个人名誉。倘若在网上包括微信群组公开,聊天记录、电话录音,则极可能对该人造成损害。

隐私、个人信息、名誉都是《民法典》明文保护的权利和利益。如果对其予以侵犯,当然违法。

### 澳门特区律师

微信聊天记录及电话录音均涉及某人的言辞,当中可涉及个人隐私或名誉。

未经本人同意,不得录取、复制及散布能被识别的本人言辞。

此外,该言辞录取、复制及散布可能侵犯该人的名誉、别人对其之观感、名声、声誉、个人信用及体面时,即不得为之。

## 085 在家门口装监控是否侵害邻居的权益？

### 珠海律师

安装监控设备若能拍摄到邻居，则属于对个人信息的收集处理，极有可能涉及他人的敏感信息（如行踪轨迹、未成年人个人信息等）。在未取得其个人同意的前提下，不得收集和处理这些信息。

若出于安全考虑希望家门口能安装监控设备，则应申请物业管理服务单位或有关机关依法进行或取得其委托。

### 澳门特区律师

未经本人同意，不得摄取其肖像；在公众地方为安全或司法方面的目的而摄取的肖像，仅可用于该等目的的事务，且在无需要时应立即销毁。

需要区分的是：大厦的公共走廊属私人物业范围，而非公众地方；大厦公共部分的使用、收益、安全由分层建筑物所有大会的管理机关（俗称业主管理委员会）负责管理。

如监控设置于公众地方(面向公共街道),则还要确保摄录仅为家居保安的目的,且应在适当位置张贴摄录告示,并把自动化方法处理个人资料一事通知澳门特区个人资料保护办公室。

## 086 被保车辆转卖后，保单没有办理过户，若发生事故，车主及保险公司是否仍须负赔偿责任？

### 珠海律师

若车辆本身已完成交付和过户，则原车主不再承担任何责任，除非双方另有约定。

关于保险公司的责任，应区分交通事故责任强制保险和普通商业保险。对于前者，即使尚未办理变更手续，保险公司仍应承担保险金赔偿责任；对于后者，若未办理变更手续，保险人虽在一般情况下也负有保险义务，但若因转让导致车辆的危险程度显著增加，而被保险人或受让人亦未及时通知保险人，则保险人对因此而发生的保险事故不承担保险金赔偿责任。

### 澳门特区律师

根据法律规定，已投保民事责任保险（俗称第三者保险）的汽车方可在公共道路上行驶。

对于第三者保险合同有效期内转让被保车辆，按照法律规定，原有保单效力将在转让当日24时（深夜12时）终止。因此，新车主必须自行购买第三者保险。

如新车主尚未重新购买保险，则原有保单已不再保障原有车辆，保险公司将不承担任何赔偿责任，车主须自行承担责任。

## 087 发生交通事故后，追诉时效为多久？受害人可以追讨哪些赔偿？

### 珠海律师

发生交通事故，当事人可请求公安机关交通管理部门调解，也可直接向法院起诉。向法院起诉适用普通诉讼时效(3 年)。

关于赔偿项目，《民法典》第 1179 条规定：侵害他人造成人身损害的，应当赔偿医疗费、护理费、交通费、营养费、住院伙食补助费等为治疗和康复支出的合理费用，以及因误工减少的收入。造成残疾的，还应当赔偿辅助器具费和残疾赔偿金；造成死亡的，还应当赔偿丧葬费和死亡赔偿金。此外，当然也包括财产损失。

须注意的是，对于超出机动车第三者责任强制保险责任限额范围的损失，若受害人存在过错，将根据过错程度减轻机动车一方的赔偿责任。

### 澳门特区律师

当发生交通事故后，当事人立刻报警以便警方到场处理。如涉及人身伤害，受害人决定刑事追究肇事司机，可通过刑事附带民事的机制，在刑事诉讼中求偿。

如肇事司机提出以私下和解的方式解决时，受害人须清楚考虑肇事司机是否能切实履行其赔偿责任；否则，一旦向司法当局表示不予追究时（然而，如属故意严重伤害身体完整性，则一经报案便不得撤回），有关刑事诉讼程序便不会开展。若肇事司机最终不履行赔偿责任，则受害人必须自行提起民事索偿。

根据澳门特区《民法典》第 491 条规定，交通意外所引起之民事责任的追诉时效为 3 年。

此外，受害人可以要求财产损害赔偿及非财产损害赔偿，包括医疗费用、误工的薪酬、伤残赔偿、其他因意外而造成的损失以及将来可预见的损失。

## 088 楼宇墙皮剥落造成他人伤亡，谁应当承担责任？

### 珠海律师

楼宇外墙属于该楼宇业主共有，由业主共同享有权利、承担义务。

同时，受托管理的物业服务人应当按照物业服务合同约定和物业的使用性质，妥善维修、养护、清洁、管理业主共有部分的物业，采取合理措施保护业主的人身、财产安全。

所有人、管理人或者使用人赔偿后，有其他责任人的，有权向其他责任人追偿。

此外，法律明令禁止从建筑物中抛掷物品。从建筑物中抛掷物品或者从建筑物上坠落的物品造成他人损害的，由侵权人依法承担侵权责任；经调查难以确定具体侵权人的，除能够证明自己不是侵权人的外，由可能加害的建筑物使用人给予补偿。可能加害的建筑物使用人补偿后，有权向侵权人追偿。

物业服务企业等建筑物管理人应当采取必要的安全保障措施防止前款规定情形的发生；未采取必要的安全保障措施的，应当依法承担未履行安全保障义务的侵权责任。

## 澳门特区律师

楼宇的业权人依法有承担楼宇保存、使用及安全方面的义务。此外，业权人须每隔五年对楼宇进行保养及维修。因此，确保自身楼宇的安全及进行经常的维护是业权人的责任，一旦出现失修情况，应该聘请合资格人士进行检查及维修。

楼宇或其他工作物因建造上之瑕疵、保存上出现缺陷而全部或部分倒塌的，该楼宇或工作物之所有人或占有人须对由此而造成的损害负责；但证明其本身无过错，或证明即使已尽应有之注意义务亦不能避免该等损害者除外。

若楼宇因日久失修而导致属于楼宇共同部分的墙皮剥落或其设施掉落而造成人或物受到损害，则全体业主均需承担责任。

# 089 狗咬伤他人,饲养人是否需要承担赔偿责任?

## 珠海律师

一般而言,饲养的动物造成他人损害的,动物饲养人或者管理人应当承担侵权责任;但是,能够证明损害是因被侵权人故意或者重大过失造成的,可以不承担或者减轻责任。

对于养狗,要看有无违反当地养犬的管理规定。若违反规定未对犬只采取安全措施造成他人损害的,饲养人或管理人应承担侵权责任;但是,能够证明损害是因被侵权人故意造成的,可以减轻责任。

若犬只系被列入禁止饲养的烈性犬等危险动物,造成他人损害的,由动物饲养人或者管理人承担侵权责任。

## 澳门特区律师

为本身利益而饲养或利用任何动物的人,须对该等动物所造成的损害负责,只要损害系因饲养或利用动物而产生之固有危险所引致者。因此,饲养人对饲养的狗咬伤他人,须承担风险责任。

对任何动物负有管束义务的人，须对其管束的动物所造成的损害负责，除非能证明该人并无过错，或证明即使该人在无过错的情况下损害仍然会发生。因此，法律推定对狗负有管束义务的人承担过错责任，因此如家人或家佣在遛狗时，狗不慎伤人，则其须对当事人造成的损害承担赔偿责任，除非其能证明本身没有过错。

## 090 夫妻双方是否可以自行约定婚姻财产制？

### 珠海律师

夫妻双方可以自行约定财产为各自所有、共同所有、部分各自所有或者部分共同所有。约定应当采用书面形式。如无特殊约定，婚姻财产制原则上为共同所有制。

### 澳门特区律师

夫妻双方可通过婚前协议的方式约定财产制或通过婚后协议变更财产制，既可从澳门特区《民法典》所规定的财产制度中选出一种，亦可在法律限制的范围内订定认为适合的财产制度。

现行澳门特区《民法典》所规范的婚姻财产制包括一般共同财产制、取得共同财产制、分别财产制及取得财产分享制。如当事人并无选定适用的财产制，则适用其结婚当时的候补财产制度，1999 年 11 月 1 日前为取得共同财产制，其后则为取得财产分享制。

## 091 离婚是不是必须要经法院审理？

### 珠海律师

离婚分为协议离婚和诉讼离婚。其中，协议离婚无须经法院审理，夫妻双方自愿离婚的，应当签订书面离婚协议，并亲自到婚姻登记机关申请离婚登记。而诉讼离婚则需经法院审理，并依法作出《民事判决书》或《民事调解书》。

### 澳门特区律师

在澳门特区，离婚可通过两愿离婚及诉讼离婚的方式办理。

夫妻双方同意离婚的，得向法院申请两愿离婚；如并无夫妻两人所生之未成年子女，则亦得向民事登记局申请两愿离婚。

如一方存在过错，违反夫妻义务，造成事实分居或存在其他法律规定的破坏共同生活之原因，则另一方可以针对一方向法院提起诉讼离婚。

# 092

# 夫妻双方采用共同财产制，夫妻一方拥有一套房产可以未经对方同意出售吗？

## 珠海律师

如该套房产属于夫妻共同财产且仅登记在夫或妻一方名下，一方未经另一方同意出售夫妻共同所有的房屋，如第三人是善意购买、已支付合理对价、已办理不动产登记，另一方主张追回该房屋的，人民法院不予支持。但夫妻一方擅自处分共同所有的房屋造成另一方损失，离婚时另一方请求一方赔偿损失的，人民法院应予支持。

## 澳门特区律师

共同财产制分为一般共同财产制（婚前婚后共同财产）及取得共同财产制（婚后共同财产）。夫妻一方在婚前购入物业，如夫妻双方采用一般共同财产制，则夫妻双方共同共有该物业。为共同共有，任一方均不可出售该物业，须夫妻双方同时签立买卖公证书方可出售物业。如夫妻双方未取得共同财产制，则属于一方的个人财产，属其个人所有。

## 093 收养需要什么条件？养父母离婚时，养子女的抚养权如何安排？

### 珠海律师

收养人收养与送养人送养，应当双方自愿。收养 8 周岁以上未成年人的，应当征得被收养人的同意。

收养应同时具备以下条件：收养人无子女或者只有一名子女；有抚养、教育和保护被收养人的能力；未患有在医学上认为不应当收养子女的疾病；无不利于被收养人健康成长的违法犯罪记录；年满 30 周岁。

自收养关系成立之日起，养父母与养子女间的权利义务关系，适用《民法典》关于父母子女关系的规定，即养父母离婚时，养子女的抚养权问题适用亲生父母子女间关于孩子抚养权的规定。

### 澳门特区律师

收养关系须经法院判决设定。

收养人应该具备以下条件：

(1)夫妇共同收养，双方年龄须25岁以上，结婚3年以上且不属事实分居。

(2)事实婚姻关系的男女共同收养，双方年龄须25岁以上，且事实婚姻5年以上。

(3)个人收养，年龄须28岁以上；但若收养配偶或与之有事实婚姻关系3年以上一方的子女，25岁以上便可。

收养人与被收养人的年龄差距：

18年以上50年以下，且收养人在获得被收养人收养权时不超过60岁。

符合以下任一条件可被收养：

(1)未成年；

(2)收养人配偶或与之有事实婚姻关系方之子女；

(3)因精神失常而被禁治产。

依法，被收养人须符合一定条件及处于一定状况方可被收养，如父母身份不明或均已死亡、被父母遗弃、就收养已有事先同意等。

收养后，被收养人成为收养人的子女，而被收养人与生父母及该方的尊亲属及旁系自然血亲的亲属关系即告消灭。因此，如养父母离婚，则适用自然亲子关系的规定。

## 094 内地与澳门特区的法定继承顺序是怎样的？

### 珠海律师

我国内地的法定继承顺序为，第一顺序：配偶、子女、父母；第二顺序：兄弟姐妹、祖父母、外祖父母。继承开始后，由第一顺序继承人继承，第二顺序继承人不继承；没有第一顺序继承人继承的，由第二顺序继承人继承。

### 澳门特区律师

澳门特区法定继承的顺序为，第一顺序：配偶及直系血亲卑亲属；第二顺序：配偶及直系血亲尊亲属；第三顺序：与死者有事实婚姻关系之人；第四顺序：兄弟姊妹及其直系血亲卑亲属；第五顺序：四亲等内之其他旁系血亲；第六顺序：澳门特区。

生存配偶属于第一顺序可继承遗产的人；然而，如被继承人死亡时并无直系血亲卑亲属，而有直系血亲尊亲属，则生存配偶即属第二顺序可继承遗产的人。

## 095 胎儿是否享有继承权?

### 珠海律师

胎儿享有继承权,应为其保留胎儿的继承份额。

《民法典》第16条规定:涉及遗产继承、接受赠与等胎儿利益保护的,胎儿视为具有民事权利能力。但是,胎儿娩出时为死体的,其民事权利能力自始不存在。

《民法典》第1155条规定:遗产分割时,应当保留胎儿的继承份额。胎儿娩出时是死体的,保留的份额按照法定继承办理。

### 澳门特区律师

胎儿享有继承权,但取决于其出生。

人格权的取得始于出生,根据澳门特区《民法典》规定,未出生之人获法律所承认之权利系取决于其出生。

任何在继承开始时已出生或受孕且未被法律规定排除之人,以及澳门地区,均有继承能力。如属遗嘱继承者,于继承开始时在生之特定人之尚未受孕之未出生子女亦有继承能力。

# 第四篇

# 劳动法专题

# 4

## 096 小明在甲店铺工作了10年，一直没有签订任何合同，小明听说若没有订立合同将不会受任何保障，正确吗？劳动合同是否必须以书面形式订立？

### 珠海律师

不正确。小明应受劳动法的保护。小明受甲店铺的工作管理，工作时间、工作地点固定，且甲店铺定期为小明发放劳动报酬，小明自工作之日起已与甲店铺建立劳动关系。超过一年没有签订书面劳动合同的，视为建立无固定期限的劳动合同关系。小明仍可要求甲店铺与其签订书面的劳动合同。

### 澳门特区律师

除具期限合同（固定期限合同）及未成年人的劳动合同必须以书面方式订立外，劳动合同不须遵守特定形式，即可以口头或书面方式订立。由于小明属于不具期限合同（不固定期限合同）员工，因此，其劳动关系可以以口头形式订立。即使没有以书面形式订立劳动合同,其劳动关系仍受法律保障。

但为避免日后劳资双方就工作条件等方面出现纠纷,劳资双方可以考虑以书面形式订立劳动合同,以明确劳资关系的工作条件。

## 097

## 小明的工作职位是文员，平常在室内办公，雇主认为其无须外出工作，故没有为其购买工作意外保险。小明在办公时间不小心扭到腰，导致半个月无法工作。小明可以要求雇主赔偿吗？

### 珠海律师

用人单位应当在建立劳动关系之日起30日内为劳动者购买社会保险（包括工伤保险），而不论劳动者是何种工作职位。劳动者社会保险个人缴费部分由其自己承担，通常由用人单位代缴。用人单位还可为职工购买商业意外保险，但这不属于法律的强制性规定。

小明应及时向社会保险行政部门申请工伤认定。经认定属于工伤的，小明可依法要求用人单位支付停工留薪期工资、医疗费、住院伙食补助费、护理费。如因用人单位没有为小明购买工伤保险，则小明应享受的工伤保险待遇由其雇主支付。

劳动者因工伤需要暂停工作接受医疗的，在停工留薪期内（不超过24个月），原工资福利待遇不变，由所在单位按月支付。

## 澳门特区律师

若雇员在工作时间及工作地点内发生工作意外，雇主须对为其提供服务的雇员负有因工作意外的弥补责任，例如向雇员支付因工作意外受伤所需的医疗费用或赔偿金额等。

而为保障雇员的权益，雇主必须为其所聘用的所有雇员购买工作意外保险，而不论其从事何种职务，以避免受伤雇员因雇主经济上无能力支付而受到影响，以确保雇员在发生工作意外时的权益可以依法获得保障。

若雇主没有为员工购买劳工保险，则属于行政违法行为。雇主将按违法行为对所涉及的雇员数量，以每人 1000 ~ 5000 澳门元被科处罚款。

098

## 小明经常被雇主要求加班，雇员可以拒绝吗？若雇员提供超时工作，有关补偿如何计算？

**珠海律师**

用人单位不得强迫或者变相强迫劳动者加班。

（1）标准工时工作制，正常工作日加班，加班工资为：正常工作时间工资×150%×加班时长；休息日加班，加班工资为：正常工作时间工资×200%×加班时长；法定节假日加班，加班工资为：正常工作时间工资×300%×加班时长。

（2）综合工时工作制，可按月、季度、年计算周期；周期内总工作时间不应超过总法定标准工作时间，超过部分视为延长工作时间，加班工资为：正常工作时间工资×150%×加班时长。法定节假日加班，加班工资为：正常工作时间工资×300%×加班时长。

（3）不定时工作制，用人单位无须支付平日加班工资和休息日加班工资。法定节假日加班，加班工资为：正常工作时间工资×300%×加班时长。

用人单位计算加班工资的基数，应按照劳动合同约定的劳动者本人工资标准确定。加班工资计算基数不得低于当地最低工资标准。

## 澳门特区律师

（1）因不可抗力、雇主面临重大的损失或面对不可预料的工作增加时，雇主不需要征得雇员同意就可以要求雇员加班。如果雇员没有任何合理理由而拒绝加班，则雇主按照性质的严重情况可对雇员作出处分，如警告甚至解除合同。如雇主在不符合上述法定情况下强制要求雇员加班，则属于行政违法行为。

（2）除上述雇主可强制雇员加班的规定外，劳资双方可通过协商的方式加班，即俗称的自愿性超时工作。由于这种加班必须得到雇员的同意，因此，雇员即使在没有合理理由的情况下拒绝雇主的加班要求，雇主也不得以此解雇雇员。

（3）有关超时工作的补偿。

①强制性超时工作：金钱补偿及休息时间补偿

A. 金钱补偿：超时工作的正常报酬 +50% 的额外报酬，以及

B. 休息时间补偿：额外有薪休息时间（加班后 15 天内安排）。

②自愿性超时工作：金钱补偿

金钱补偿：超时工作的正常报酬 +20% 的额外报酬。

## 099

## 小明上班经常迟到，工作期间经常玩手机，被雇主多次提醒和警告也无任何改善，最终被雇主解雇。但小明对此愤愤不平，认为雇主是无理解雇，要求雇主赔偿。在此情况下，雇主须向小明赔偿吗？

### 珠海律师

对于小明上班经常迟到、工作期间经常玩手机的行为，如用人单位经过民主程序制定的规章制度明确规定属于严重违反用人单位规章制度行为的，则用人单位应通知工会，研究工会意见后，根据公司的规章制度解除劳动合同。解除合同通知书送达小明后，双方的劳动关系解除，用人单位无须支付解除劳动合同的经济补偿金或赔偿金。

### 澳门特区律师

澳门特区《劳动关系法》并没有规定雇员被警告多少次可构成合理理由解雇。因此，雇主是否须向小明赔偿，关键在于，雇主解雇小明的理由是否属于澳门特区《劳动关系法》规定的合理理由。而合理理由为任何导致不可能维持劳动关系的严重事实或情况，一般均构成解除劳动合同的条件。

如雇主以合理理由与雇员解除劳动合同，则雇主无须支付任何补偿性赔偿。

由于小明上班经常迟到，工作期间经常玩手机，被雇主多次提醒和警告也没有任何改善，雇主在有充分证据情况下以及遵守形式要件下，可以无须支付赔偿而与小明解除合同。

## 100 阿姗在某超市担任仓库管理员，其主要职责是管理货仓和搬运货物，之后阿姗怀孕并向雇主作出申报，雇主明知其怀孕仍继续安排阿姗管理货仓和搬运货物，雇主的行为是否违法？

### 珠海律师

用人单位的行为属于违法行为。女职工在孕期不能适应原劳动的，用人单位应根据医疗机构的证明，予以减轻劳动量或者安排其他能够适应的劳动。

对于怀孕7个月以上的女职工，用人单位应每天安排1小时工间休息，并不得扣减薪资；不得安排其延长工作时间或者从事夜班劳动。对从事立位作业的女职工，用人单位还应在其工作场所设休息座位。

### 澳门特区律师

雇主的行为已涉嫌构成轻微违法行为，雇主不得安排处于怀孕期或分娩后 3 个月内的女性雇员担任对其身体不适宜的工作。由于搬运货物可能会对孕妇本身和胎儿带来一定风险，因此，雇主应该对阿姗的工作岗位作出适当调整，如可以安排阿姗负责文书工作，而不应该再安排阿姗管理货仓和搬运货物；否则，雇主可能构成轻微违法行为，可按违法行为所涉及的每一雇员，被科处 20,000 ~ 50,000 澳门元的罚金。

101

## 雇员入职时与雇主协议雇主可随时要求员工于周假提供工作，该协议有效吗？若雇员于周假提供工作，有关补偿如何计算？

### 珠海律师

用人单位要求员工加班，应当根据自愿原则，在一般情况下不能强行要求员工加班。

（1）双方约定的工作时间为标准工时制的，休息日加班的，用人单位应当安排补休；不能补休的，则需支付加班工资。加班工资为：正常工作时间工资×200%×加班时长。

（2）双方约定的工作时间是综合工时工作制的，休息日上班不属于加班，用人单位可以安排调休。只有超出综合工时计算周期部分时间属于加班，可要求用人单位按照正常工作时间工资×150%×加班时长的标准支付加班工资。

双方约定的工作时间是不定时工作制的，周末上班不属于加班。

## 澳门特区律师

(1)法律对于雇主要求员工在周假工作有严格的规定,除非员工出于自愿,否则只有在法定情况下(雇主正面临重大损失或发生不可抗力、雇主面对不可预料的工作增加或为确保企业持续营运而必须由员工提供工作的情况),雇主才可要求员工在周假工作。

(2)被安排(强制)在周假工作的员工,可获补偿为:

月薪员工,除月薪外可获取“一日补休加一日基本报酬”或“两日补休”。

其他方式收取薪金的员工,除收取周假工作的正常报酬外,还可获“一日补休加一日基本报酬”或“两日补休”。

(3)自愿在周假工作的员工,其可获得的补偿为:

月薪员工,除月薪外还可选择“一日基本报酬”或“一日补休”。

而其他方式收取薪金的员工,除周假工作的正常报酬外,可选择“一日基本报酬”或“一日补休”。

# 102 雇主在雇员没有犯错的情况下单方面解雇雇员，是否需要支付赔偿？

## 珠海律师

劳动者无过错，但符合以下情形的，用人单位提前30日以书面形式通知劳动者或者额外支付1个月工资，可以解除劳动合同：(1)劳动者患病或者非因工负伤，在规定的医疗期满后不能从事原工作，也不能从事由用人单位另行安排的工作的；(2)劳动者不能胜任工作，经过培训或者调整工作岗位，仍不能胜任工作的；(3)劳动合同订立时所依据的客观情况发生重大变化，致使劳动合同无法履行，经用人单位与劳动者协商，未能就变更劳动合同内容达成协议的。

用人单位按上述规定解除合同，需要支付经济补偿金；如用人单位违法解除劳动合同或终止劳动合同，劳动者不要求继续履行劳动合同或者劳动合同已经不能继续履行的，用人单位应按经济补偿标准的2倍向劳动者支付赔偿金。经济补偿金按劳动者在本单位工作年限，每满1年支付1个月工资。

## 澳门特区律师

（1）若雇主不以合理理由解除无固定期限的劳动合同即俗称的长工，有关赔偿金额根据劳动关系的期间（年资）长短而定。

（2）而对于雇主不以合理理由解除固定期限的合同，如在澳门特区工作的外地雇员，则雇主须向雇员支付的赔偿按解除日至合同到期日期间的时间计算，每满 1 个月或不足 1 个月须支付相应于 3 日的基本报酬。例如，有关外地雇员还有 7 个月 10 日才合同届满，则雇主须向其赔偿 24 日的基本报酬。

## 103

**小明是某学校的老师，学校每年 6 月询问老师是否续期，按照该方式，小明已续期了 6 次劳动合同。在 2021 年 6 月合同到期后学校不予续期，并以合同到期为由认为无须向小明支付任何补偿，正确吗？**

### 珠海律师

学校的理由不正确，属于违法解除劳动合同，应当按照工龄向小明支付违法解除劳动合同的赔偿金。

在劳动合同期限届满，雇主维持或提高原劳动合同的条件，而劳动者不同意续签的情况下，用人单位才能终止劳动合同且不需支付经济补偿。

在续签合同时，对于曾连续两次签订固定期限劳动合同的，雇主应与雇员签订无固定期限的合同，除非雇员要求采用固定期限。

### 澳门特区律师

雇主的理由不正确。具期限合同的订立须符合法律规定条件，如属为满足企业营运的临时需要时，例如开展期限不定的新工作、承揽建筑工程或公共工程等、提供季节性工作、替代缺勤的雇员等，才可订立具期限的劳动合同。而且，必须以书面方式并须说明理由。

虽然学校每年以合同续期形式与小明订立劳动合同，但是，由于小明与学校的劳动合同并不符合法律规定订立具期限合同的条件，且续期已超过二次，故此，即使每年以确定期限续约，也不属具期限合同，雇主必须按不具期限合同处理，向小明支付解雇赔偿。

## 104 雇员的强制性假期有哪些？若雇员在强制性假期工作，如何补偿？

### 珠海律师

国家法定休假日，共计 11 天。(1)元旦，放假 1 天(1 月 1 日)；(2)春节，放假 3 天(农历正月初一、初二、初三)；(3)清明节，放假 1 天(农历清明当日)；(4)劳动节，放假 1 天(5 月 1 日)；(5)端午节，放假 1 天(农历端午当日)；(6)中秋节，放假 1 天(农历中秋当日)；(7)国庆节，放假 3 天(10 月 1 日、2 日、3 日)。

法定休假日安排劳动者工作的，支付不低于工资的 300% 的工资报酬。

### 澳门特区律师

(1)澳门特区强制性假期有 10 日，分别为：元旦(1 月 1 日)、农历年初一至初三、清明节、劳动节(5 月 1 日)、中秋节翌日、中华人民共和国国庆节(10 月 1 日)、重阳节及澳门特区成立纪念日(12 月 20 日)

(2)雇员在强制性假期工作的补偿为

①月薪雇员

A. 当月报酬+1 日额外基本报酬+1 日补假,或

B. 当月报酬+2 日补假,或

C. 当月报酬+2 日额外基本报酬

②按实际工作时间(如日薪或时薪)或按实际生产结果(如按件数)计算报酬的员工

A. 当日报酬+1 日额外基本报酬+1 日补假,或

B. 当日报酬+2 日补假,或

C. 当日报酬+2 日额外基本报酬

须注意的是,雇员因自身原因仅完成部分工作时间,不论该情况属合理或不合理缺勤,补偿休息时间或基本报酬根据其已提供工作的时数按比例计算。

## 105 小明的雇主基于店铺生意不好，要求小明第 2 天开始放周假 4 天及年假 5 天，该做法合法吗？

### 珠海律师

单位可根据生产、工作的具体情况，并考虑职工本人意愿，统筹安排职工年休假。年休假在 1 个年度内可以集中安排，也可以分段安排，一般不跨年度安排。故小明的雇主有权安排小明休年假。

### 澳门特区律师

劳资双方应以相互体谅的方式协商安排享受周假或年假。有关周假的休息时间由雇主根据企业的营运需要而确定有关假期，周假最少需提前 3 日确定。年假日期由双方协议而定；若没有协议，则雇主按企业营运要求确定，但至少须提前 30 日。基于此，雇主不可以单方面要求小明于第 2 日享受周假及年假。

## 106 若雇员发生劳资纠纷，其处理程序如何？

### 珠海律师

雇员发生劳资纠纷时，主要有以下几个解除途径：

(1)劳资双方协商解决；

(2)双方无法协商达成一致的，可以向企业所在地的劳动部门进行投诉；

(3)向雇主所在地的劳动争议仲裁机构申请劳动仲裁；

(4)对劳动仲裁结果不服的，可以向有管辖权的法院提起诉讼。

须注意的是，上述劳动仲裁是内地法律专有名词，并非通常意义上的商事仲裁。

### 澳门特区律师

(1)雇员在澳门特区工作时遇到劳动权益的问题，可向澳门特区劳工事务局咨询或投诉。

(2)澳门特区劳工事务局接到雇员投诉后，会立案调查，以核实劳资双方的劳动权益。

(3)劳资纠纷个案的处理过程,主要如下:调查人员

①初步了解劳资纠纷的事项;

②尝试协调劳资双方解决劳资纠纷;

③向劳资双方搜集资料文件等证据,要求双方或证人录取笔录;

④对个案调查数据进行分析,并按法律规定处理。

若雇主存在违法行为,属轻微违法,调查人员向雇主发出笔录,要求雇主在指定期限内缴付所欠雇员的款项。

A. 如雇主已缴付有关款项,调查人员会通知雇员领取。

B. 如没有缴付,调查人员会将有关个案送交法院处理并通知雇员。

## 107 小明是某保安公司保安员，因健康码为红色状态而无法到岗工作，雇主是否需要支付工资？

### 珠海律师

对于新冠肺炎患者、疑似病人、密切接触者在隔离治疗期间、医学观察期间、隔离措施期间，企业应当支付职工在此期间的工资报酬。但因本人过错而违反疫情防控措施导致“红码”，无法到岗工作的，企业可不支付相应期间的工资报酬。

### 澳门特区律师

雇员健康码为红色状态、或受出入境防疫措施而无法到岗工作，对于此类情况，若由雇员自行行为所致，并不属于雇主无理阻碍雇员提供实际工作的情况，则雇主没有支付工资的义务。但如劳资双方原已达成更好的协定，则按有关协议继续履行。

## 108

**小明在某餐厅担任侍应员，客户时常会基于侍应的良好服务给予其"贴士"，而月末结算工资时雇主亦全数分给员工。小明在离职时认为其每月均可获取"贴士"，故该部分款项已是其工资的一部分，要求雇主在计算其周假补偿时计算入内，小明的要求合理吗？**

### 珠海律师

工资，是指用人单位依据劳动合同的规定，以各种形式支付给劳动者的工资报酬，用人单位根据本单位的生产经营特点和经济效益，依法自主确定本单位的工资分配方式和工资水平。"贴士"即小费，不属于法律上的工资，小明的主张没有法律依据。

### 澳门特区律师

有关贴士是否纳入周假补偿计算，须厘清贴士属基本报酬还是浮动报酬。



小明在某餐厅担任侍应员，客户时常会基于侍应的良好服务给予其"贴士"，而月末结算工资时雇主亦全数分给员工。小明在离职时认为其每月均可获取"贴士"，故该部分款项已是其工资的一部分，要求雇主在计算其周假补偿时计算入内，小明的要求合理吗？

按照法律规定,“基本报酬”是指雇员因提供工作而应获得的,由雇主与雇员协议或法律规定的所有定期金钱给付,而不论其名称或计算方式;而“浮动报酬”是指由雇主酌情给予的所有非定期给付,特别是赏赠性质的津贴、奖金、佣金,以及雇主无法控制的小费等。

由于小明每月获得的“贴士”均由客户支付,属于雇主无法控制的小费,因此,有关“贴士”属“浮动报酬”。而周假的补偿以基本报酬的薪酬计算,所以,雇主在计算小明的周假补偿时不需要将贴士金额计算入内。

## 109 小明的女朋友为其产下一子，其欲向雇主申请侍产假，但雇主以其没有结婚为由拒绝准予假期，雇主的做法合理吗？

### 珠海律师

符合法律规定生育子女的夫妻，女方享受奖励产假，男方享受陪产假。男方若要享受陪产假，应先具有与女方登记为合法夫妻之事实，并且应符合法律规定的生育政策。因小明尚未与女朋友结婚、女朋友生育不符合法律规定，雇主可拒绝准予小明陪产假。小明可申请带薪年假或事假。

### 澳门特区律师

男性雇员有权因成为父亲而享受五个工作日的侍产假。澳门特区并未规定：雇员必须以结婚或必须以陪伴妻子作为适用侍产假的前提要件。

所以，小明的雇主以没有结婚为由，又或是以小明没有离开澳门特区为由，拒绝准予侍产假的做法并不合法。

# 110 雇员是否享受“五险一金”的保障？

## 珠海律师

用人单位应依法为劳动者缴纳“五险一金”，保障公民在年老、疾病、工伤、失业、生育等情况下，依法从国家和社会获得物质帮助的权利。

## 澳门特区律师

澳门特区并不适用内地“五险一金”的保障制度。澳门特区具强制性的雇员保障制度如下：

对雇员因工作意外或职业病而蒙受的损失按有关法例给予赔偿，同时，雇主必须将同一法令规定的弥补责任转移给获许可在澳门特区经营工作意外保险的保险人。

所以，雇主须为雇员购买工作意外及职业病的保险。

根据澳门特区第 4/2010 号法律《社会保障制度》第 10 条第 1 款第 1 项的规定，强制性供款制度适用于根据劳动关系的一般制度，通过合同在雇主的支配及领导下工作并收取报酬的澳门居民，包括受聘在澳门特区登记的企业于外地分支或代理机构工作的澳门居民。

所以,雇主须为雇员向社会保障基金强制性制度供款。

## 111 强制性假日(如国庆假期、中秋节翌日)刚好与雇员的周假恰巧重叠,雇员会否得到补假?

### 珠海律师

全体公民放假的假日(如中秋节),如果适逢星期六、星期日,应当在工作日补假。部分公民放假的假日(如妇女节),如果适逢星期六、星期日,则不补假。

### 澳门特区律师

有薪休息时间与强制性假日出现重叠,则重叠的假日按强制性假日处理,雇主须在紧接的30日内安排雇员享受有薪休息时间。

所以,若强制性假日(如国庆假期、中秋节翌日)刚好与雇员的周假重叠,则雇员可根据法律规定享受补假。

## 112 雇主对新入职雇员的表现不满意，但又不想提出解雇，可否将雇员的试用期延长？

### 珠海律师

同一用人单位与同一劳动者只能约定一次试用期。用人单位不得单方延长劳动者的试用期，也不得通过与劳动者协商一致的方式再次约定试用期或者延长试用期。否则，由劳动行政部门责令改正；违法约定的试用期已经履行的，由用人单位以劳动者试用期满月工资为标准，按已经履行的超过法定试用期的期间向劳动者支付赔偿金。

### 澳门特区律师

就劳动合同的试用期期限作出规定，在不妨碍有相反的书面协议的情况下，属于不具期限合同，试用期推定为 90 日；属于具期限合同，则推定为 30 日。

可以免除试用期或另行订立试用期限；属后者的情况，试用期应遵从下列规定：

(1)对一般雇员不得超过 90 日；

(2)对担任涉及复杂技术或要求特别资格职位的雇员以及对领导人员及主管人员不得超过 180 日；

(3)对属于固定期限合同的所有雇员不得超过 30 日。

从现有相关条文来看，并没有在试用期内可以将试用期期限加以延长的规定。所以，雇主即便对新入职雇员的表现不满意，也不得将试用期的期限延长。

# 113 澳门居民在内地工作，是签订劳动合同还是劳务合同？二者的区别是什么？

**珠海律师**

澳门居民在内地工作，如签订劳动合同，发生争议适用《劳动法》《劳动合同法》《劳动争议调解仲裁法》等法律规范，劳动者享有休息休假、获得劳动安全保障、接受职业技能培训、参加社会保险等权利。在发生工伤时，可获得相应的工伤待遇。合同解除和终止时，可依法主张经济补偿。

因劳务合同发生的争议适用《民法典》等法律规范，而不适用《劳动合同法》。对于临时性工作、帮工、退休后参加工作等情况，可签订劳务合同。如签订劳务合同，劳务期间发生意外或患病的，只能根据有关法律以及结合各方当事人过错等情况，就赔偿问题进行处理。

**澳门特区律师**

劳动合同指一人通过收取回报而负有义务在他人的权威及领导

下向其提供智力或劳力活动的合同。劳动合同受特别法例规范。而澳门特区《劳动关系法》是其中一个主要规范澳门特区劳动合同关系的特别法例。

劳务合同，是指一方在有或无回报的情况下，负有义务将自己的智力或劳力工作的特定成果交与另一方的合同。

根据澳门特区第21/2009号法律《聘用外地雇员法》第1条第2款的规定，为适用本法律的规定，外地雇员是指在澳门特区没有居留权，但获许可按照与第5条所指任一雇主签订的劳动合同而在澳门特区临时从事职业活动的人。

所以，内地居民若在澳门特区工作，即成为澳门特区的外地雇员，其与雇主之间所签订的合同类型应为符合《聘用外地雇员法》所规范的劳动合同。

## 114 澳门居民在内地工作是否需要缴纳社会保险？如果在澳门特区已经缴纳社会保险，在内地是否还需要购买社会保险？

### 珠海律师与澳门律师

在内地依法聘用、招用的澳门居民，应依法参加当地的职工基本养老保险、职工基本医疗保险、工伤保险、失业保险和生育保险。

若已在澳门特区社会保障基金参保的澳门居民，不愿两地双重缴费，则可凭澳门特区社会保障基金出具的社会保障制度供款记录，向内地申请豁免参加基本养老保险和失业保险，但其他险种（职工基本医疗保险、工伤保险及生育保险）仍应依法参加。

## 115 收取月报酬的雇员小通收到雇主张先生的通知，结算工资日为本工作周期结束日起的第十日。收取周报酬的雇员小媚也收到通知，结算工资日为本工作周期结束日起的第八日。小通及小媚应否接受？

### 珠海律师

小通的工资支付时间应为本月工作期间（例如本月 1 日至 30 日）结束之后一个月内（下一个月的 1 日至 30 日内）是合法的，可以接受。

小媚的工资支付时间应为本周工作期间结束之后一周（七天）内。雇主通知其工资支付日为本工作周期结束之日起第八日（本工作周期结束之后第七日），因此是合法的。

雇员应在签订劳动合同时，约定工资支付时间，雇主在签订合同之后提出更改的，需双方协商，并且应符合上述规定。雇主应按照劳动合同的约定及时支付工资，不得克扣或者无故拖欠雇员的工资。

## 澳门特区律师

雇主有义务定期并按时支付基本报酬，劳资双方可通过协议，确定计算基本报酬期间的最后一日作为支付义务的到期日（若按月或周支付报酬的，支付义务到期日为每月或每周的最后一天），而基本报酬须由有关支付义务的到期日起九个工作日内支付，故小媚可以接受其结算工资日为须支付报酬日起的第八日，而小通则需确定其结算工资日（为须支付报酬日起计的第十日）是否已超出上述有关九个工作日内支付之规定。

## 116 陈太太在怀孕超过三个月后非自愿流产，其可享有产假吗？陈先生是否享有侍产假？若享有，各为多少天？

### 珠海律师

非自愿流产者仍可享受产假。怀孕 4 个月以上 7 个月以下终止妊娠的，计 42 天；怀孕满 7 个月终止妊娠的，计 75 天产假。目前对于男方陪产假的规定，只适用于符合法律规定的生育、分娩情形。

### 澳门特区律师

根据陈太太的健康状况及适当证明的医生建议，陈太太享有至少 21 日至最多 70 日的产假，而陈先生也有权在有关事实发生之日起 30 日内享有 5 个工作日的侍产假，但其有义务向雇主提交由澳门特区政府或获其发出执照的医生所发出的婴儿出生证明，或者由澳门特区以外的国家及地区主管部门或获其发出执照的医生所发出的婴儿出生证明，亦可提交雇主接受的其他证明文件。

## 117

**周小姐在某餐馆当客户经理,按劳动合同约定,除基本工资以外,每个月还有绩效奖金。中秋节当月,周小姐被告知,这个月的奖金将换成月饼发放。请问,餐馆是否有权这样发放奖金?**

### 珠海律师

餐馆无权将奖金换成月饼发放。餐馆应以货币形式支付周小姐的当月工资,包括基本工资、绩效奖金,且不得克扣或者无故拖欠。工资构成要素包括各种形式的工资(计时工资、计件工资、基本工资、岗位工资等)、奖金、津贴、补贴及加班费等。

### 澳门特区律师

本案中,按双方的劳动合同约定为每个月有绩效奖金的,其具有定期给付的性质,属澳门特区《劳动关系法》中的基本报酬[基本报酬包括基本工资、超时工作报酬、夜间工作或轮班工作的额外报酬、膳食津贴、家庭津贴、所担任的职务的固有津贴及佣金、由雇主向顾客收取的附加于账项上且其后分发予雇员的款项以及“双粮”(一年多一月薪酬)或其他同类性质的定期给付等],按规定须为金钱给付,不可以实物作给付,故餐馆无权将周小姐中秋节当月的奖金转换成月饼发放。

## 118 摄影师陈先生受雇于澳门特区某影楼，根据合约规定，陈先生在周末工作，处理相关摄影任务。现珠海某设计公司欲聘请陈先生为其全职员工，工作内容为产品拍摄、广告相关等，周一至周五为工作时间，周末休息。请问陈先生可以应聘吗？须注意什么事项？

### 珠海律师

在符合有关条件的情况下，可以允许双重劳动关系。作为劳动者，陈先生在应聘时应主动说明其在澳门特区的工作情况，并且在工作过程中，应避免向另一方透露一方的具体工作任务、摄影作品以及经营管理等情况，避免发生有关商业秘密、知识产权方面的争议。

### 澳门特区律师

因摄影师陈先生受雇于澳门特区某影楼的工作为处理相关摄影任务，而珠海某设计公司聘请其的工作内容为产品拍摄等，虽然二者

摄影师陈先生受雇于澳门特区某影楼，根据合约规定，陈先生在周末工作，处理相关摄影任务。现珠海某设计公司欲聘请陈先生为其全职员工，工作内容为产品拍摄、广告相关等，周一至周五为工作时间，周末休息。请问陈先生可以应聘吗？须注意什么事项？

同为拍摄相关的工作，但公司性质及其拍摄标的并不相同，且工作时间并无重叠。若陈先生与澳门特区影楼没有相关协议，则陈先生可以应聘。但陈先生须注意不得以本人或他人名义与雇主竞争作业，也不得将与企业的组织、生产方法或业务有关的资料外泄。

## 119 某公司职员在上下班途中因遭遇交通意外不慎受伤，其工作单位须支付医疗费用吗？

### 珠海律师

职员在上下班途中发生交通意外，如非本人主要责任，或者因公共交通导致伤害的，并经认定为工伤的，有关医疗费、住院费用等由社保基金予以报销。如果用人单位没有为劳动者购买工伤保险，那么有关医疗费用、工伤待遇等由用人单位承担。

劳动者或其家属应及时报告用人单位，以便向社保部门申请工伤认定；如单位不予办理的，劳动者则有权直接向社保部门申请。

如因劳动者本人摔倒不慎受伤的，不属于交通事故，则不应当认定为工伤。

### 澳门特区律师

工作意外就是在工作地点及工作时间内发生的意外，但有些意外虽然不在工作时间或工作地点发生，仍属于工作意外。如执行或提供雇主指定或经雇主同意的服务、雇员自发提供但为雇主带来经济收益的服务、雇员收取报酬地点发生的意外(银行过户除外)、雇员因工作意外而往返治疗途中或治疗地点发生的意外及使用雇主提供的交通工具往返工作地点途中发生的意外,而雇员于悬挂八号或以上风球期间,在开工前或结束工作后的3小时内,直接往返居所与工作地点途中发生的意外,亦为工作意外的保障范围。雇员一旦发生工作意外,可获澳门特区《工伤法》规定的赔偿,如医疗费、因工伤休假期间获得基本回报2/3的损害赔偿和因工作意外导致死亡时获得赔偿等,而受伤雇员之医疗费用最高赔偿金额为315万澳门元。另外,雇主也可为雇员购买其他扩张性保险,保险范围及赔偿事宜则按有关保险合同处理。

## 120 黄先生在某公司任高管。公司因效益减少，决定与黄先生解除合同，并要求黄先生两年内不得到同行业其他公司任职，请问这样的要求合法吗？

### 珠海律师

如果公司与黄先生签订了《竞业限制协议》，则公司有权要求黄先生在离职后的两年内不得到有竞争关系的同行业其他公司任职。公司应当按月向黄先生支付竞业限制经济补偿，竞业限制补偿标准一般不低于劳动合同解除前 12 个月平均工资的 30%，各省市另有规定的从其规定。

《竞业限制协议》适用人员包括：高级管理人员、高级技术人员及其他负有保密义务的人员。

### 澳门特区律师

根据澳门特区《基本法》第 35 条的规定，澳门居民有选择职业和工作的自由。而对于离职后不竞业义务没有立法加以规范，故劳动关系结束后，因合同而产生之权利义务亦随之终止，再要求做相关竞业禁止没有法律依据。但黄先生在任职高管的工作过程中，避免不了获悉商业秘密，其即澳门特区《商法典》中所指的秘密，故黄先生的保密义务并不因离职而消灭。另外，基于合同自由原则，劳资双方在订立合同时可协商加入竞业禁止条款及该期间的相应补偿。